七星红色印记

中共阳春市春城街道七星村委员会
阳春市漠阳江红色文化研究会 编

中国文史出版社
CHINA CULTURAL AND HISTORICAL PRESS

图书在版编目（CIP）数据

七星红色印记/中共阳春市春城街道七星村委员会，
阳春市漠阳江红色文化研究会编. — 北京：中国文史出
版社，2023.10
　　ISBN 978-7-5205-4376-7

　　Ⅰ.①七… Ⅱ.①中… ②阳… Ⅲ.①革命史—史料
—阳春 Ⅳ.① K296.54

中国版本图书馆 CIP 数据核字（2023）第 190347 号

七星红色印记

责任编辑：牛梦岳
出版发行：中国文史出版社
社　　址：北京市海淀区西八里庄路 69 号院　　邮编：100142
电　　话：010-81136651　81136602　81136603（发行部）
传　　真：010-81136655
印　　装：广州市德佳彩色印刷有限公司
经　　销：全国新华书店
开　　本：787mm×1092mm　1/16
印　　张：16
字　　数：168 千字
版　　次：2023 年 10 月第 1 版
印　　次：2023 年 10 月第 1 次印刷
定　　价：58.00 元

《七星红色印记》编纂委员会

阳春市春城街道七星（原先农乡）部分红色村庄及遗址位置

春城方向

榕树头

雷塘

油麻山

东湖

禾地岗

新云

黄竹头

河墩

岗脊

马鞍山

鹅步岭

马水

岗水

牛路头

坡尾

油铺

大岗脚

七星岭战场

沙田垌
邓水烈士故居

塘尾

塘基头

围仔

辣下

中共先农乡支部旧址

★ 七星

山岩

白坟

那魁

善田

★ 中共阳春分委旧址

朝阳寨

鸭寮岗

板桥岭

山口

沙塘岗

白坭岭

岗美方向
阳江方向

七星红色印记

1

1981年，郑宏璋同志在阳春老同志（解放前参加革命）座谈会上发言
（陈立 摄）

解放前阳春县先农桥，1939年，国民党县政府为防止日军入侵阳春，下命令拆除，使得当时阳春城群众前往岗尾、阳江极不方便

（摄于1934年　阳春市档案馆　提供）

解放前阳春县牛迳桥，1939年，国民党县政府因防止日军入侵阳春，下命令拆除，使得当时阳春城群众岗尾、阳江极不方便

（摄于1934年　阳春市档案馆　提供）

1939年，革命前辈郑宏璋任先农乡屯堡小学校长时的屯堡小学旧址（位于先农长寨）　（陈立摄于2021年）

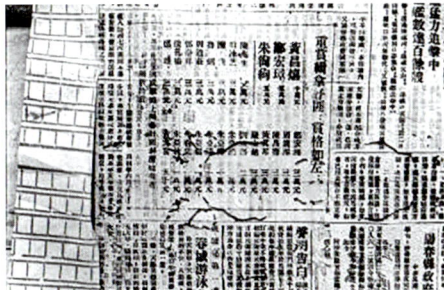

1945年国民党政府缉拿共产党人的悬赏布告　（陈立　提供）

重修的先农乡山口庙，1939年至1949年这里曾是解放军游击队传递信息和接纳伤员的中转点

（麦仲摄于2023年）

七星红色印记

1944年，两阳特委决定在先农乡组织人民抗日武装，邓泰威、邓泰升、邓伙来、周景光、黄其邦、陈朝积等人经常集中在周道桓祖屋（位于围仔村）后背山练习打枪，图为周道恒祖屋旧址　　　　　　　　　（程辉摄于2023年）

1948年，先农沙塘岗（现为沙岗村）李英（乡村接生员、地下交通员、堡垒户）在家协助陈庚等多名游击队员长时间隐蔽并助其脱险。图为李英家旧址　　　　　　（李仕发摄于2023年）

96岁谭杏光（后左一）、91岁杨秀兰（前左一）、84岁岑献兰（前左二）与阳春市漠阳江红色文化研究会会长苏卫一起在李英家旧址前合影　　　　　　（李仕发摄于2023年）

1945年3月18日，广东人民抗日解放军第六团在先农乡沙塘岗（现为沙岗）村门楼前召开成立大会。图为旧址修缮工程竣工仪式　　　（陈立　摄）

1945年3月18日，广东人民抗日解放军第六团成立时的旧址　　　　　　（程辉摄于2023年）

当年游击队使用的武器和草鞋 （陈立 摄）

1945 年 3 月，时任广东人民抗日解放军政治部主任的刘田夫同志到先农乡三岗山村养伤并发展巩固抗日根据地

（图片来源于中共先农乡党支部旧址展览）

《红色七星》（后改为《七星红色印记》）采编小组和村干部、村民在三岗山合影留念

（程辉摄于 2021 年）

2022年8月21日，省老促会"红色文化进校园"阳春座谈会在阳春市七星"中共先农支部旧址"会议室举行，图为会场情况

（黄万里　摄）

2021年11月，阳江市人大常委会副主任、中共阳春市委书记李宗瑞（中）、广东轻工职业技术学院林润惠教授（右二）在听取阳春市档案馆馆长谢艺（左一）、阳春市漠阳江红色文化研究会副会长李仕发（左二）介绍《峥嵘岁月》画册　　　　（阳春市档案馆　提供）

2022 年 8 月，中共阳春市委副书记、市长李谦常（左）陪同省老促会会长陈开枝（中）到抗日战争时期阳春第一个农村党支部——中共先农乡支部旧址参观 （阳春市档案馆 提供）

2022 年 8 月 21 日，省老促会会长陈开枝（左四）、阳春市委副书记、市长李谦常（右四）与阳江市、阳春市老促会会长及省《源流》杂志社领导为在阳春春城七星小学的《源流》记者站揭牌 （黄万里 摄）

七星红色印记

7

2022年8月21日，省老促会会长陈开枝（后排号右四）、阳春市委副书记、市长李谦常（后排右五）和阳江市、阳春市老促会会长及省《源流》杂志社领导与阳春小记者代表（春城七星小学学生）合影留念
（黄万里　摄）

2021年，阳江市财政局原局长、邓水生烈士的儿子邓太锦在中共先农乡支部旧址会议室与《七星红色故事》（后改为《七星红色印记》）编写工作者进行座谈
（黄万里　摄）

2021年,《七星红色故事》(后改为《七星红色印记》)筹备组与部分采编人员合影　　　　　　　　　　　　（黄万里　摄）

2021年,《红色七星》(后改为《七星红色印记》)编写组组织部分革命后代到革命烈士邓水生旧居前进行瞻仰活动　　　　　　　　　（黄万里　摄）

2022年春城街道办组织部份七星籍人士及阳春市漠阳江红色文化研究会工作人员对邓水生烈士墓的阳江市"革命教育基地"工程进行现场验收,验收后举行阳江市"革命教育基地"揭牌仪式　　　　　　　　　（黄万里　摄）

2021年9月本书编写组人员到广州采访粤中纵队抗日老战士梁文坚同志　　　　　　　　　（陈扩　摄）

2021年9月本书编写组人员到广州采访粤中纵队抗日老战士韦芸同志　　　　　　　　　（陈扩　摄）

七星红色印记

2021年，本书编写组人员到七星鸭寮岗村采访何明珍（当年梁源同志的契妈）的侄儿陈德瑶　　（程辉　摄）

2021年9月17日，本书编写组人员采访86岁的吴来有，吴来有是当年游击队里最年轻的小交通员（程辉　摄）

2017年10月20日，谢立全将军的儿子谢小朋（左）到阳春先农支部展览厅参观，回顾谢立全指挥七星岭战斗，并与邓水生烈士的儿子邓太锦（右）合影留念　　　　（黄万里　摄）

本书编写组人员采访革命前辈
（陈扩　摄）

2021年，《红色七星》（后改为《七星红色印记》）采编组与七星村民委员会干部联合组织了回顾七星岭战斗活动　　（黄万里　摄）

序（一）

抗日老战士梁文坚（图片由陈立提供，摄于2021年）

由中共阳春市春城街道七星村委员会与阳春市漠阳江红色文化研究会联合编撰，中共阳春市档案馆（阳春市委党史研究办）审读的《七星红色印记》一书，即将稿成付梓，这是一件值得庆贺的事。

阳春市漠阳江红色文化研究会是一个专门研究阳春革命历史的学会，学会成员大多数是当年在阳春参加革命的同志的儿女。一直以来，他们继承父辈的革命遗志，积极参加社会主义建设工作，为党和国家的伟大事业作出自己应有的贡献，现大多数同志已退休离职，赋闲在家。为缅怀革命先烈，传承红色文化，追寻父辈的革命足迹，他们成立阳春市漠阳江红色文化研究会，搜集父辈的革命故事，汇编成册，以教育后人，《七星红色印记》一书的出版，凝聚了他们的艰辛和汗水，饱含他们对年轻一代的殷切期望。

我于1938年在当时的阳江县参加革命，当年11月加入中国共产党，那年我才16岁。参加工作第二年，组织安排我来到阳春工作，开始时被安排跟着黄昌熙（黄云）等人搞抗日宣传，后来以小学教师的名义在先农乡（今七星村委会一带）开展中共地下工作，

发展党员，不久投身武装斗争，后任广东人民抗日解放军第六团政工队长，与所在部队一起参加了著名的七星岭战斗。

在先农工作和战斗的峥嵘岁月，我与战友们参加了血与火的战斗，参与和见证了党的地下工作者、武装指战员们与国民党反动派进行的不屈不挠斗争，感受到先农人民与革命工作者、武装指战员们的鱼水之情。在党带领先农人民与国民党反动派长期斗争的过程中，在军民鱼水情的相处中，留下许多可歌可泣、充满革命情怀的故事。

这些革命故事有的已载入当地党史部门出版的史册，有的仅流传于革命工作者、武装斗争指战员与家人的交流中，流传于老区人民的口口相传中，这些珍贵的革命故事对缅怀先烈、启迪后人有着重要的意义。随着岁月的流逝，这些革命故事很容易湮没于历史长河中。庆幸的是，当地的党政部门和当年革命工作者、武装斗争指战员的后人，如陈立、陈扩、苏卫、李仕发等洞悉这一情况，及时进行收集整理，汇编出版，为当地党史教育留下弥足珍贵的历史资料，幸甚之至。

我相信，有阳春当地党政部门的支持，有阳春市漠阳江红色文化研究会的努力，阳春红色故事会讲得越来越好，《七星红色印记》一书的出版，将为阳春的红色故事增添异彩！

是为序。

梁文坚

2022 年 10 月 30 日

序（二）

　　本书以新中国成立前阳春县先农乡（今七星村民委员会一带）的革命斗争历史为基础，描述当年在阳春县先农乡参与抗日战争和解放战争的部分革命同志（指战员）、中共地下党员，以及唇齿相依的进步人士、堡垒户和热爱美好家园的革命群众的事迹。他们不甘受日本侵略者的欺凌，不甘受国民党黑恶势力的压迫，在中国共产党的领导下，敢于在常人难以承受的极端恶劣环境下，不怕连累亲人，不怕流血牺牲，英勇斗争，艰苦前行，终于迎来了新中国的诞生，迎来了人民当家作主的新社会！

　　1938年，郑宏璋在阳春先农乡创办"读书会"，传播马列主义革命思想，并参加了中共阳春分委工作，迅速将一批教师和农民骨干分子发展为党员，掀起了抗日热潮。1940年，郑宏璋在先农乡成立了阳春县第一个农村党支部。1944年10月，郑宏璋在中区党组织的指导下，着手在阳春先农乡筹建两阳第一支抗日武装队伍。

　　1945年1月29日，我党领导的广东人民抗日解放军在鹤山县宅梧召开成立大会，梁鸿钧任司令员，罗范群任政治委员，谢立全任副司令员兼参谋长，刘田夫任政治部主任，下辖第一团、第二团、第三团、第四团，后在挺进恩平县时又建立了第五团。

　　1945年3月13日，广东人民抗日解放军在黄云（黄昌熺）的引领下，一路长途跋涉，从阳江大八，进入阳春轮溪乡（今轮水村民委员会一带）直至先农乡。

1945 年 3 月 18 日，挺进阳春的广东人民抗日解放军与国民党阳春反动当局的自卫队、联防队 300 多人在七星岭激战，毙伤国民党自卫队和联防队武装人员 10 人，击退国民党阳春反动武装。当日下午，在阳春先农乡沙塘岗村成立"广东人民抗日解放军第六团"，黄云任团长，郑宏璋任政委，陈国璋任政治部主任。从此，在阳春的中共武装部队对敌开展一系列武装革命斗争，建立了先农、蟠龙革命根据地。

六团的建立，使先农人民深受鼓舞，广大人民群众大力支持革命武装队伍。在组建六团的时候，先农乡大部分党员和一部分青年壮丁队员参加了第一连。那魁村郑波嫂家、鹤垌村陈计有嫂（李连英）家、三岗山村黄其邦母亲陈日生家、七星岭大坑村潘一家、善田村韦坚家是重要的堡垒户和交通联络点。抗日解放军来到先农乡后，各村党员、壮丁队员收集大米、蔬菜，妥善安排抗日解放军的食宿、洗衣等拥军工作。

六团的发展与壮大，得到广东人民抗日解放军首长的鼎力支持，政治部主任刘田夫在先农乡三岗山村养伤期间，前往河口肖背迳等村开展革命活动，他经过充分的调查研究，对郑宏璋、黄其邦等指战员做了形势分析，传授了工作的经验和方法。每到一个新地方，刘田夫都会教他们如何去接近老百姓，如何宣传自己的队伍，如何发展自己的队伍，如何巩固堡垒户，如何建立交通站，如何应对地方的恶霸势力，以及如何解决部队的供给等问题，使他们受益良多。

我党在革命战争年代发明的独有的"流动式"课堂①，刘田夫运用得活灵活现。在先农活动的中共地下党组织，根据刘田夫主任指导，在坚持党的原则的前提下，接纳各方志士，壮大革命队伍，把先农乡的革命斗争搞得红红火火。

抗日战争胜利后，根据国共双方签订的"双十协定"，中国共产党同意将广东等 8 个解放区的抗日军队撤到山东陇海路以北及苏北、皖北等解放区。1946 年 6 月，中共阳春武装人员一部分骨干力量奉命北撤，留下一部分骨干力量"隐蔽精干，长期埋伏，积蓄力量，以待时机"，以"灰色"面目出现。因国民党当局残酷逼迫追杀各地分散和复员的中共武装人员，他们被逼奋起反抗，与国民党反动派针锋相对地斗争。

解放战争时期，先农人民与阳春广大人民群众一起，在中共阳春地方党组织的带领下，壮大人民武装，打击国民党反动势力，取得一个又一个的胜利，为南下大军解放阳春打下坚实的基础。为了阳春的解放事业，地方党组织和人民武装也付出了较大的牺牲，有一百多位革命者献出了自己宝贵的生命，先农的地下交通站站长邓水生被国民党反动派逮捕，英勇牺牲。

在长期的革命斗争中，中共阳春地方党组织和武装部队，带领先农人民展开革命斗争，使先农成为阳春革命斗争的一面旗帜，广大先农人民与中共地下党及武装人员结下深厚的革命鱼水情，留下许多感人的革命故事。

为把先农的革命故事进一步挖掘出来，阳春市漠阳江红色文化

---

① 每天不定期上课，不固定内容，不固定地点。

研究会在市委、市政府有关部门的全力支持下，派出人员与中共春城街道工委相关领导一起深入原先农乡辖地进行调查，走访健在的革命老同志，翻阅大量的党史资料，同时发动革命老前辈的子女亲属将当年父母的军民鱼水情故事撰写出来。传承红色文化，赓续红色血脉。

我们收集整理了26篇文章，大部分是作者根据父母生前所描述的亲身经历写出来的，并配有珍藏的历史图片，从多个角度具体生动地反映了阳春的人民子弟兵与人民群众在中国共产党领导下，开展不屈不挠的革命斗争的历史。

文章以中共党史的时间、事件为背景，忠于史实，重点回答革命前辈为什么要参加革命的问题。文章传播对象重点面向广大学生，希望我们的后代从小敬仰先辈不惜流血牺牲的大无畏革命精神，从小懂得珍惜今天来之不易的美好生活。文章内容对传承革命历史，加强爱国主义教育很有意义，富含传播及保存价值。

本书编写组

2022 年 12 月

目　　录

先农乡革命斗争概况

阳春市漠阳江红色文化研究会编写组

先农乡（解放前包括现在阳春市春城街道七星、新云、岗脊、高塝以及马水镇河墩的部分地方）靠近春城，是阳春城西南方向的关口要塞，水源充裕，是有名的鱼米之乡，也是历代的兵家护城必守之地。自近代史以来，先农乡人民与全国劳苦大众一样有着对美好生活的无限期盼。

早在抗日战争时期，先农乡是抗日革命根据地，有十多名老师和农民被发展加入中国共产党。1940年3月，中共阳春特支在先农乡中心小学建立阳春第一个农村党支部——中共先农乡支部，首任书记为周道庄，同时建立岗尾党小组。从此燃起阳春农民的革命斗争烈火……

一、马列主义开始在先农扎根

1934年，先农乡白坟村的郑宏璋在广州读大学期间，受广州革命运动的影响，自觉接受了马列主义思想。郑宏璋等四名学生不怕个人安危，利用课余时间为"工人运动小组"秘密刻印 ① 抗日传单

---

① 蜡纸刻制，用印油印刷。

并散发。后来因有人告密，室友单容沛被抓，郑宏璋和其余二人逃脱。郑宏璋从此离开了学校，到东莞县当老师。后来，郑宏璋返回家乡到多间小学任教。

1937年10月16日，广州外县工作委员会派出的共产党员章沛、叶镜澄到阳春与阳春籍共产党员刘文昭一起成立阳春第一个共产党小组，发展共产党员，在春州大地点燃起希望的星火。

1937年，郑宏璋回到先农乡中心小学任教，与邓泰升志同道合，积极宣传民族爱国抗日进步思想。1938年2月郑宏璋到先农乡中心小学的分校屯堡小学任教，1939年任先农乡屯堡小学校长。为了让身边的人认识中国共产党的革命思想，他与朱尚绚、周道庄、邓泰升、李学汪等人组织了一个读书会，经常集中学习马克思主义理论，讨论抗日战争时局形势，并相约共同寻找共产党组织。

1939年4月，为适应抗战形势发展和开展武装斗争需要，统一两阳地区的领导，中区特委成立中共两阳工作委员会（简称两阳工委），张靖宇任书记，陈奇略任副书记。两阳工委下设阳江特别支部和阳春特别支部（简称阳春特支），同月，阳春特支在春城成立，陈奇略兼任书记。阳春特支的成立，加强了阳春党组织的建设。

1939年7月，共产党员柯世梯、林举铨介绍朱尚绚参加中国共产党，8月，林举铨介绍郑宏璋加入中国共产党。至9月，阳春特支先后发展曾昭常、周道庄（后脱党）、邓泰升、李学汪参加共产党。一批包括有先农乡籍的积极分子加入了中国共产党，马克思主义在先农乡扎下了根。

二、中共阳春第一个农村党支部

1940年2月，中共两阳工委在阳江笏朝朗仔村召开第二次扩大会议，会上传达中共中区特委指示精神，为应对国民党顽固派掀起的第一次反共高潮，决定把阳江、阳春两县党的工作重点，从城市转移到农村，把领导机关转移到农村，使党组织在农村扎根，长期积蓄力量。

在此之前，黄昌熺（黄云）同志在三甲搞抗日宣传时积极向上级党组织提建议，没有驻点的流动式发展党员，既难发展又难管理。为应对日军入侵两阳，应就地发动群众，在漠阳江流域的东山和西山建立党组织，开展武装抗日活动。

1940年2月11日，郑宏璋、周道庄根据中共阳春特支决定，在先农乡中心小学秘密举行建党学习班。发展了先农乡农民周道桓、邓水生、邓伙来，岗尾的李宗櫢等为中共党员。

3月，中共阳春特支批准在先农乡中心小学建立了第一个农村党支部——中共先农乡支部，周道庄任书记。同时建立岗尾党小组。接着，中共两阳特支派黄昌熺前往蟠扶乡中心小学任教，实施东山秘密发展党员计划。

1940年下半年至1941年，先农乡党支部发展中心小学工人韦克，三岗山村青年学生黄其邦，围仔村农民周金庆、周道谋，长寨村农民陈孔受、陈孔扬等加入中国共产党；在岗尾乡发展农民李宗浪、陈朝燊加入中国共产党。1941年秋，陈庚（陈绳宪）初中毕业，被安排到先农乡中心小学工作，1942年秋转到屯堡小学工作。1942年春，先农乡党支部发展板桥岭村青年农民陈朝积加入中国共产党。先农乡支部逐步发展壮大，开展一系列活动，成为中共阳春党组织工作的一面旗帜。

三、成立阳春分委

1940年4月，为了抵抗日军的入侵和国民党顽固派掀起的第一次反共高潮，中区特委决定，把区域党的工作重心下移到地方，中共两阳工委撤销，改为特派员制，张靖宇为两阳特派员。8月，中共两阳特派员调陈奇略到阳春先农乡屯堡小学以任教师为掩护，负责中共阳春的领导工作。根据上级决定，中共阳春特支改为中共阳春分委（相当于县委），书记为陈奇略，组织委员为郑宏璋，宣传委员为陈国璋，3人均在先农乡屯堡小学以教师职业掩护工作，屯堡小学成为阳春分委机关所在地。中共阳春分委调黄昌熺到先农中心小学任教，任中共先农乡支部书记，邓泰升、邓水生、周道庄为支部委员。

在此期间，中共阳春分委密切联系群众，了解民情，宣传党对抗日的方针政策，筹集必要的日常经费，教育广大人民群众充分认识中国共产党。郑宏璋提出以筹集经费修建新校舍为名，广泛接触本地商旅（商人），以便筹集党的活动经费。同时，与陈奇略书记商量在校内开办大众药物供应所，出售药物，并无偿给群众看病，深受群众欢迎。陈奇略以到阳江采购药物作掩护，向中共两阳特派员汇报工作和接受指示。陈国璋协助药店工作。郑宏璋发挥懂中医的专长，课余时间免费给农民诊疗，夜间和假日以到村庄为农民看病作掩护，开展联络党员和培养建党对象工作。黄昌熺与邓泰升则以到农户家访为名，广泛走访各村农户，培养骨干分子，尽可能把抗日思想向每个农民骨干分子讲得透彻清楚些。

1940年至1941年，先农乡第五保、第六保、第七保保长都是共产党员，控制了乡丁（壮丁）①达30人枪，有效保护党员安全地走访各村农户，培养农民骨干分子，打下了良好的民众抗日基础。1942年至1944年冬，阳春党组织虽然暂停活动，但郑宏璋作为阳春分委

---

① 乡下属各保的自卫队员。

负责人，继续留在先农乡屯堡小学，单线联系全县党员，保持领导机关的完整和连续。先农乡的党组织与群众的联系仍秘密地进行，涌现出周道桓、邓伙来、黄其邦、李莲英（女）等一批坚决拥护中国共产党的优秀农民，为后来的地方拥军工作夯实了良好的基础。

四、开展抗日自卫斗争

1941年3月3日，日军入侵阳江城，史称"三三事变"，张靖宇计划组织两阳武装队伍。同日，阳春分委召开会议，决定集中先农乡的第五、第六、第七保掌握的30人枪，成立抗日人民武装队伍，在日军侵入阳春时，黄云负责往东山蟠龙建立抗日根据地，郑宏璋负责往西山建立抗日根据地。通知在春湾小学的黄云紧急布置两阳中学党支部注意局势发展，在日军沿漠阳江入侵时率领学生、群众在北部山区开展游击战。黄云向两阳中学党支部书记林启荣布置任务后，立即赶回先农乡屯堡小学听候阳春分委安排工作。阳春中学党支部的党员和学生积极分子从三甲步行回春城，等候组织分配战斗任务。数天后，日军撤离阳江城，因日军没有进兵阳春，阳春分委撤销部署，黄云仍返回春湾小学。

五、筹建两阳第一支人民抗日武装队伍

1943年7月，中区特委根据形势的发展和筹备武装斗争的需要，派中共新兴县委书记谢鸿照夫妇转移到阳春县先农乡，在先农乡中心小学任教师。1944年7月，中区特派员任命谢鸿照为中共两阳党组织指导员，负责分批恢复两阳地方党组织生活，筹备建立两阳人民武装抗日游击队。10月，中共两阳党组织根据上级指示，着手组织抗日武装队伍。11月，中共阳春党组织抽调罗杰、陈华森和朱尚

绚等到先农乡屯堡小学，协助谢鸿照筹备武装起义。

郑宏璋与先农乡邓泰升、周道庄、黄其邦等联系，控制壮丁队40人枪，召集周道泽（周景光）、邓泰威、陈功（陈昌寿）、郑宏湘、郑雄等人准备参加武装起义。安排邓水生、周道桓作长期隐蔽建立交通联络站。朱尚绚在轮溪乡的屋面塘村吸收农民朱存加入中国共产党，发动朱尚普、朱秋等10多名积极分子，准备参加武装起义。陈华森、严仕铭在蟠龙教育培养的积极分子欧圣聪、钟景宏、梁传队、严仕浓、严仕郁等18人，准备参加武装起义。

为筹建漠东抗日游击大队，郑宏璋向谢鸿照推荐蟠扶乡田寮村舞狮班师傅黄选盛担任军事负责人。黄选盛发动阳江县捷轮乡农民麦圣昌等20余人和大八乡黄文郁等50余人，准备参加武装起义。黄选盛负责军事训练和军事指挥，中共党组织派干部负责政治工作。

谢鸿照与助手罗杰在黄选盛家中听取了准备工作情况汇报后，谢鸿照、罗杰两人按照黄选盛所描述的情况绘出漠东山区三县边界军事地形图，很快上交给广东中区党组织和武装部队领导。

六、抗日解放军在阳春第一场战斗

1944年10月1日，南海、番禺、中山、顺德游击队在中山五桂山古氏宗祠召开珠江地区游击干部和中山地方党组织负责人大会。会议根据广东省临时工作委员会和东江军政委员会联席会议（土洋会议）精神，为组织部队迅速挺进粤中，宣布成立广东人民抗日游击队中区纵队。11月11日，中共广东省临时工作委员会和东江军政委员会举行联席会议，决定把广东人民抗日游击队中区纵队分为两支部队。

1945年月1月20日，经中共中央批准，其中在粤中地区活动的部队改称广东人民抗日解放军。梁鸿钧任司令员，罗范群任政治委员，谢立全任副司令员兼参谋长，刘田夫任政治部主任。下辖第一团、第二团、第三团、第四团。部队采取坚持内线与挺出外线相结合的斗争方针，由部队领导机关率主力第一团，跳出国民党军包围圈，加紧向西发展，途经恩平县建立第五团。

1945年3月13日，广东人民抗日解放军主力从阳江县东北部大八乡进入阳春轮溪乡，然后进入先农乡沙田垌村。当晚，司令部开会讨论计划攻打阳春城，增加补给，下一步让部队作短时间休整。

1945年3月18日凌晨，国民党阳春县县长陈启钊纠集县自卫大队与合水（二区）、春湾（三区）、潭水（五区）的联防中队及一部分乡自卫队，共300余人，由北向南进发，抢占七星岭制高点，企图袭击抗日解放军。陈启钊又派人到阳江县请兵，与联防队会合，由南而北夹击抗日解放军。驻扎在沙田垌村的司令部哨兵发现国民党保警（自卫队）已经占据七星岭一带的制高点。代司令员谢立全了解敌情后，沉着应战，立即找来向导潘一研究上山路线，指挥李德胜中队从东面沿稔子坪、长坦坑冲向山顶，取得了战斗的胜利。在战斗中李德胜中队长为掩护战友冲锋，不幸中弹光荣牺牲。

七星岭战斗，是广东人民抗日解放军在阳春向国民党顽固派展开的第一场战斗，沉重打击了国民党顽固派消极抗日、积极反共的嚣张气焰。

七、在先农乡建立第六团

1945年3月18日下午，趁着七星岭战斗在当地群众中产生的政治影响，广东人民抗日解放军司令部在先农乡沙塘岗村宣布正式成立广东人民抗日解放军第六团，任命黄昌熺为团长，郑宏璋为政委，陈国璋为政治处主任。3月19日、20日，司令部从一团抽调一批军政干部和一个机枪班、一个步兵班的老战士做骨干力量，加上来自两阳的新战士在先农乡沙塘岗、龙塘等村集结，编成六团第一连。第一连连长为陈超，副连长为冯锦，政治指导员为邓启祥，文化教员为陈枫，政治服务员为陈明、邓泰威；另一个连称为团直属队（后改为警卫连），连长为严仕铭，指导员为邓学辉。司令部派参谋室代主任郭大同为六团军事指挥，梁文坚任六团政工队队长。不久，郑宏璋、陈国璋、郭大同等到河口组建二连。

3月21日凌晨，国民党兵（两阳挺进第二大队）在阳春六区联防队（驻岗尾圩）引导下趁夜间从南向北进入先农，企图包围抗日解放军司令部驻地岗腰梅子根村。国民党兵和联防队妄想在天亮时开进先农乡的犁壁坑，首先抢占白石岭最有利的位置。我方警卫连放哨的梁源和战友伍沃（伍煜）发现后，立即向司令部汇报，部队首长命令新成立的第六团派第一连冲到山岭险要位置阻击。此场战斗，是六团成立后的第一场战斗，因部队参战人员大部分缺乏作战经验，又缺少弹药，机枪只能点射，故战果较少，耗战一天，只击毙国民党部队排长1人。临近傍晚，双方对话言和，各自撤出战斗。

八、六团主力参加荫底突围战

1945年8月，日本军宣布投降，可国民党当局即矢口否认广东有共产党领导的部队存在，以"清剿"为名，公开向人民武装部队发动大规模的军事进攻，形势十分严峻。

10月10日，中区特委和部队司令部召开团级和地方党组织县以上领导干部会议（史称"荫底会议"），决定将广东人民抗日解放军领导机关与中共中区特委两个领导机构合二为一，组成"中区临时特委",罗范群任书记。

10月22日,国民党第64军156师纠集467团、468团和省保警第八大队及恩平、阳江、阳春、开平等县的反共团队共3000余人,采取"网形合围"的战术,分六路包围恩平萌底,袭击广东人民抗日解放军。当时驻扎在萌底的部队有800多人,其中有六团一连、警卫连以及二连的指战员300多人,他们正在参加司令部组织的多项军事集训。还有部分骨干人员如陈庚、严仕铭、邓泰威、邓泰升、梁源、李培、黄其邦、陈功等,正在参加骨干集训队训练。

发现部队被国民党军包围后,代司令谢立全指挥部队突围,将第六团的大部分战士编入了司令部的直属团即第一团。第一团是司令部的主力团,担任了正面突围的任务,负责掩护部队机关往萌底圩不远的山地撤退,部队多次冲锋抢夺制高点(当时一些制高点已经被敌军把守),多次打退国民党军的凶猛进攻,让部队机关多次迂回突围,战斗坚持了整个白天,傍晚时分,部队机关才与敌方拉开了距离,部队终于冲出了"包围圈"。

萌底战斗共毙伤国民党军排长以下100多人,解放军伤亡连级以下官兵37人,失散、被俘30余人,另有群众被捕遇害9人,六团连长陈良壮烈牺牲,七星人民的好儿子,排长陈朝积(陈志)、班长苏成(承)富也在战斗中壮烈牺牲。

九、军民鱼水情

1945年底至1946年5月,萌底突围战斗结束后,中区临时特委任命黄昌熹为一团代政委,把一团(包括原六团合并过来的部分人员)及干部集训队分成两支队伍并令其返回阳江、阳东、恩平边界山区活动。原六团300余人,大部分分散回阳春,邓泰威、邓泰

升、黄其邦、郑宏湘、郑雄、周道泽等返回先农乡，一团的连指导员周扩源、连长黄杰和军医方百里、陈牧丁等由先农乡党员（交通站邓水生、周道桓等）安排到鸭寮岗村隐蔽，配合治疗伤员。适逢该村陈姓保长10岁的小孩发高烧休克，周扩源、方百里知道情况后，立即前往抢救，小孩脱险。陈姓保长表示："你们红军可随意在我保内活动，有什么情况我就告诉你们。"

在这期间，邓水生接到黄昌熙政委的命令，安排人员到阳江珠环、双麻、阳春轮溪的轮水、屋面塘接伤员回先农进行疗养。邓水生安排周道桓与苏同、邓裕群、顾月娟、李莲英等人，连续数月，穿梭在先农至轮溪之间。在先农乡，周道桓与有关人员秘密走村串寨，与堡垒户商量解决伤员住宿、治疗及安全等问题；在轮溪的轮水等村，与堡垒户想办法如何安全转移伤员。周道桓还叫堂兄周道润到山口庙秘密接伤员回家，道润根据道桓的布置，叫父母亲倍加照顾，直至伤员归队。在先农乡各村党员骨干的积极配合下，伤员在堡垒户家庭中得到亲人般的照顾。

1946年的一天，第六团警卫员梁源正准备出鸭寮岗村执行任务，遇到国民党联防队下乡巡逻检查，鸭寮岗村何明珍将他藏在屋后山脚下的一个粪池里，再盖上禾秆草。待敌人离开后，何明珍和她的儿子陈杏祥一起把梁源从粪池里拉了上来，满身大粪的梁源冲洗干净后穿上了陈杏祥的衣裤。对于何明珍的壮举，解放后，当地党委没有忘记，她去世时，阳春县委派人送了花圈，上书"革命老人何明珍永垂不朽"的挽联，全村人都参加送葬。

十、成立一区区委和春南区党支部

1945年12月下旬，中共阳春县委在蟠龙观音山农民梁金生家召开第一次县委会议，会上宣布中共中区临时特委决定，为统一部队与地方党组织的领导，成立中共阳春县委，黄昌熹任县委书记，李重民任委员兼组织部部长，伍伯坚任委员兼宣传部部长。

1946年3月初，中共中区特委决定，派陈明江到两阳担任两阳特派员兼任中共阳春县委书记，由黎新培协助陈明江工作。不久，在南在乡河塘村召开中共阳春县委第二次会议，主要内容包括：黄昌熹负责部队工作，做好北撤准备；成立中共一区区委和中共春南区支部。会后，3月底的一天夜晚，县委委员李重民回到先农乡鸭寮岗村，向周扩源、邓泰威等党员传达县委指示精神，宣布成立一区区委，周扩源任一区区委书记兼组织委员，邓泰威为宣传委员。接着，李重民又到金旦乡大塘村，向曾国棠、廖正纪等党员传达会议精神，宣布成立中共春南区支部，曾国棠为负责人。

在国民党全面发动内战"围剿"解放军时期，阳春一区区委在先农乡保留一支短枪武工组。邓泰威与邓泰升、周道泽、黄其邦、郑雄等负责保护在先农乡隐蔽的六团人员。区委吸收武工组成员邓泰坚加入中国共产党。

4月22日，陈庚武工队到先农乡屯堡小学，处决了国民党派来当校长的特务梁佐周，缴获其长枪1支和短枪1支，鼓舞了群众，方便了武工队在先农、轮溪一带的革命活动。

十一、开展反"三征"斗争与七星岭会议

1947年7月，春城区党组织把在学生运动和工人运动中培养出来的党员分派到根据地的农村小学任教师，加强基层党支部力量，发动农民群众开展反"三征"（反国民党征兵、征粮、征税）斗争。8月，陈洪任先农乡党支部书记，有党员8人。当年秋，先农乡交

通站站长邓水生发展山口村交通员苏同入党，周道桓在岗水建立党小组。11月，先农乡成立农民生产自救会。武工组组长邓泰坚组织50人枪的民兵队，支持农民开展反"三征"斗争。

1948年2月，中共中央香港分局发出"粉碎蒋、宋进攻计划，迎接南下大军"的指示，派出大批军政干部回粤中、南路工作。郑文、杨飞、杨超、陈冬等从香港到达先农乡沙田峒村，用秘密联络暗号与先农乡交通站站长邓水生接头。中共两阳特派员李信在七星岭大坑潘一家召开两阳武装负责人会议，传达香港分局关于开展"大搞"的方针，派郑文到春北，杨超、陈冬到漠西，杨飞到珠环、大八，加强各游击区的领导，开辟新区。

1948年9月，先农乡交通站站长邓水生不幸被国民党保警抓捕，英勇就义。中共春南区委派苏同接任交通站站长，保正山口、那魁、鹤峒、板桥岭等交通联络点正常运作，以及先农乡根据地与春城、春南、春中等区委交通站的联系。为配合部队进入漠南开展"大搞"，为在阳春河口和阳江程村等地迅速筹建发展广东人民解放军广阳支队第八团，提供了重要的情报信息。

十二、村民全动员配合大军围歼残敌

1949年10月初，中共广阳地委书记兼粤中纵队第二支队司令员郑锦波与中共阳春县委及第六团领导成员，研究部署迎接南下解放军和接管全县政权工作，决定成立阳春县军事管制委员会，吴子仁为主任，陈庚、陈枫、曹广、林举铨、李希果、曾昭常为委员。10月22日晚，中国人民解放军第四兵团4个先锋团水陆两路到达阳春县城，阳春宣告解放。大军继续南下，至阳江白沙阻击国民党刘安琪兵团，打响阳江阻击战的第一枪，阻击国民党残兵南逃到海南岛或入桂。

中共阳春县委、县人民政府全力支援南下大军，发挥先农乡陈洪、邓泰坚等50多人武装队伍的作用，组织先农乡的民兵数百人一起配合大军，守住路口监视敌人动向，发动各村堡垒户带头筹备大量番薯，为部队提供粮食，并组织担架队和后勤补给队，参与全歼国民党刘安琪兵团的战斗。10月23日晨，第六团数名战士（先农乡人）和春南区中队派出的向导带领大军先锋一二五团，在先农、岗尾一带包围国民党省保警冯思轼加强营，敌人在全线溃败走投无路的情况下，1000余人全部缴械投降。

十三、历史的丰碑

新中国成立之前的先农乡第五保、第六保、第七保范围内共有26条自然村，仅千余人口，有超半数村落的群众在抗日战争时期支持抗日。据不完全统计，先农乡在解放前参加革命的同志有60人，其中绝大多数加入了中国共产党。其名单如下（排名不分先后）：郑宏璋、邓泰升、周道庄、邓水生【烈士】、陈朝燊、周道桓、邓伙来、韦越【烈士】、黄其邦、周金庆、周道谋、陈孔受、陈孔扬、陈朝积（陈志）【烈士】、邓泰威、周道泽、陈功、郑宏湘、郑雄、韦克、邓泰坚、苏同、苏成富【烈士】、李杰、谭东初、何明珍、陈杏祥、陈孔常、邓岳、邓泰斌、陈木允、郑宏钦、陈权、陈宗诚、徐祖斌、韦汉威、周刘建（周道生）【烈士】、黎黑、黎贤瑶、顾月娟、邓裕群、邹继忠、罗国赞、罗邓家、陈彦庄、陈道山、林喜业、陈朝新、郑銮生、韦汉威、李莲英、李英、谭业桓、谭业浓、周安松、周安和、周荣、关刘文、吴来有、陈宗兴等。

祖籍不是先农乡人，但曾经在先农进行革命活动（未含曾经在先农参加某些战斗的指战员）的同志，其名单如下（排名不分先后）：罗范群、谢立全、刘田夫、黄昌熺、陈奇略、谢鸿照、罗杰、梁文坚、陈国璋、郑锦波、林克、周天行、李信、周扩源、陈枫、陈明、郭大同、黄杰、方百里、陈牧丁、马平、曹广、陈庚、姚立尹、陈钧、刘传发、关永、朱尚绚、李宗望【烈士】、黄选盛【烈士】、李培、梁源、黄余悦、伍沃（吴沃）【烈士】、程明【烈士】、李德胜【烈士】、陈池、吴子仁、陈洪、陈运福、陈轩、陈运庆、刘奇、杨飞、杨超、陈冬、李重民、郑文等。

2022 年 10 月

前左：陈康球　□□□　周 富　陈 明　杨 斌　陈 飞
薛贻享　郑 文　韦业环　□□□　郑秉业
陈宗怀（木允）　朱幸福

二左：陈 庚　郑宏璋　吴子仁　黄 云　马 平　梁文坚
廖绍琏　庞瑞芳

三左：李 信　□ □　李东泰　范 林　□ □　顾 铭
梁运南　陈运福　陈 钧　陈永溪　严仕郁
陈 洪　苏 同　周扩源　顾月娟

四左：□ □　黎基荣　苏观保　黄 放　陈 池　廖 德
黄余悦　廖正纪　□□□　韦汉威　湛达道　欧圣通
李 杰

（照片由陈立提供，摄于 1981 年 1 月）

坚定信念砥砺前行

——记黄云（黄昌熺）同志的革命征程

苏　卫

黄云同志照片

黄云（黄昌熺）（1921—2011），祖籍广东阳春河西塘基头村，1921年3月出生于广州市，曾任广西壮族自治区顾问委员会主任，1997年2月离休。

黄云青年时代在阳春参加革命。1938年8月在高二学年期末加入中国共产党。1943年5月调入"珠江纵队"之后，曾任广东人民抗日解放军第六团团长、中共阳春县委书记。1946年6月，北撤①山东编入新四军（改名为黄云）。1949年底南下入桂，先后担任中共梧州地委宣传部部长、桂林市委第一书记、广西自治区党委副书记等职。1985年6月至1993年任自治区顾问委员会主任。黄云关爱老百姓和战友，热爱书法及诗文，出版个人书法集多本，并著有诗词集《桂海桑野》和回忆录《岁月如斯》等作品。

---

① 特指部队1946年6月30日北上人员为北撤人员。

一、少年立宏志

黄云的父亲黄其桢是孙中山同盟会会员，1925 年因公殉职。1927 年，黄云的生母杨卓生带着 6 岁的黄云及其小弟回到阳春农村跟着大妈罗才儒一起生活。因小弟病故，1930 年，杨卓生带黄云重回广州生活，黄云进入广州第 41 小学继续读书。刚读完四年级，因经济支撑不了，黄云又随生母回到了阳春，随后参加阳春中学办的补习班，因考试获得第一名，被特批连跳两级，直读阳春中学初中，三年之后，考入省立两阳中学。

1937 年卢沟桥事变爆发后，黄云开始关心民族的前途和国家的命运，在努力学好文化的同时，关注时事政治，接受进步思想，组织和参加学生抗日救亡活动。在暑假期间，他从阳江步行回到阳春，沿途宣传抗日精神。1937 年 10 月，中共广州市外县工委派出往阳春的共产党员、广州"青年群社"成员章沛、叶镜澄、刘文昭（阳春县潭水人，广州大中中学学生）三人到阳春，成立了中共阳春党小组。一次偶然机会，黄云认识刘文昭，刘文昭约黄云见章沛、叶镜澄，黄云与章沛等接触时听到章沛讲广州话，黄云便用广州话回话，两人沟通很融洽，后来一直保持联系。10 月，阳春党小组和青年群阳春分社实际掌握了《阳春日报》宣传抗日的舆论阵地。林举铨、李华、曾昭常、郑宏璋、黄云、郑英昌等骨干，积极参加青年群阳春分社控制下的《阳春日报》的编辑工作，黄云被列为入党重点培养对象。

1938 年 8 月，高二学年结束时，在章沛、刘文昭的推荐下黄云加入了中国共产党，是中共党组织在阳春县吸收的第一个党员。9 月份，黄云又回到两阳中学读高三。开学军训期间，日军已入侵广州，飞机飞到阳江、阳春轰炸，学校被迫停课。此时，黄云决定停止学业，和刘文昭一起开展青年群阳春分社工作，全心投入革命事业。

二、决心跟党走

在阳春，刘文昭、黄云抓紧建党工作。1938 年 11 月，发展林举铨、李华（李丽华）入党。1939 年 1 月，黄云先后发展阳春中学学生林启荣、罗杰入党，刘文昭发展柯世梯入党。4 月，因日寇飞机轰炸，办学于阳江的两阳中学迁到春城，后再迁到阳春松柏大间村严氏宗祠。当时学校决定：因受战乱停课影响，高三学生需要再补课半年，才能发给毕业证书。这时黄云下定决心，放弃文凭跟党走，不再回校。

1939 年 5 月，两阳党组织根据中共广东中区特委决定，筹办组织"两阳赴新鹤前线慰问团"，到新会圭峰山等地慰问国民党抗日部队。中共阳春特别支部接到这一指示后，指派黄云牵头，通过青年群组织发动群众、青年，利用隆重纪念五四运动 20 周年之际，搭"义卖献金台"，义卖纸花筹款慰问抗日前线将士。此次前线慰问团，由国民党徐永恒任团长，黄云担任副团长，慰问团秘密成立党支部，黄云任书记。

此次行动圆满结束，9 月，黄云通过县抗日动员委员会组织并成立了一支 20 余人的战时工作团（简称"战工团"）。中共阳春特支委希望党小组能借这个机会在农村中发展党员。中共两阳工委还派出阳江女党员梁文坚、庞瑞芳到阳春"战工团"工作。此时已在两阳中学读书的林启荣和春中（阳春中学，现阳春一中前身）女学生鲁焕英（鲁焰），也坚决停学留在"战工团"，由黄云带团下乡。虽然说"战工团"是国民党县政府下属的独立组织，但配给经费极少，

团员没有工资领，每人每月只有伙食费 7 元。大家不计较待遇，背起几件衣服，穿上自编的草鞋，意气风发地奔向山区，深入三甲、双滘等地方宣传抗日。然而，当时要在山区发展农村党员难度很大，加上国民党阳春当局对这些放弃学业搞抗日宣传的学生有所警惕，规定他们所到之处只准停留几天，因此没有足够的时间对当地农民做深入的调查和了解。几个月后，黄云向支部书记刘文昭建议："战工团"在宣传抗日方面能起一些作用，但这种跑面不驻点的活动方式，难以实现发展农村党组织的设想，应当改变策略，另想办法，把根扎到农村去。

三、蟠龙搞革命

1940 年，黄云根据国民党顽固派在全国掀起第一次反共高潮的形势分析，主动向党组织提出：为防日军入侵，应该未雨绸缪，在离春城不远的山区，选择有潜力成为抗日根据地的地方发展党组织，为下一步开展武装抗日做准备。他主动提出到阳春蟠扶乡（今蟠龙、扶民一带）创建抗日根据地。

1940 年 3 月，阳春特支贯彻两阳工委第二次扩大会议精神，将黄云、梁文坚调离"战工团"，派黄云（时任阳春特支支委）到蟠扶乡中心小学任教，梁文坚到先农乡中心小学任教师。

蟠扶乡属穷困山区，离春城约 15 公里，四面环山，东接恩平县山区，是建立抗日根据地的好地方。黄云第一次到蟠扶乡是以找"春中"时期相熟的校友严仕铭为名，之前严仕铭任蟠扶乡中心小学校长时，曾在春城与黄云见面，表示欢迎黄云到蟠扶乡任教。这次黄云的到来，蟠扶乡突然得到了一个高才生，令严仕铭这个"蟠龙王"喜出望外。

黄云为了尽快打开局面，借助严仕铭的关系避开乡长陈国福的监视，主动提出将严仕铭家的牛栏旁边的一间杂物房作为卧室。严仕铭白天和黄云都在学校同吃，一起研究教学事情，为了有更多时间倾谈，晚上干脆也到杂物房一起住。经过一段时间接触，严仕铭完全明白了黄云胸怀抗日的大志。但由于严仕铭在工作和其他方面对乡长陈国福疏远了，半年后，陈国福便排挤严仕铭，不让他当校长。严仕铭只好离开蟠扶乡到阳春某小学任教，黄云则由组织安排转到阳春先农乡中心小学任教。

此后，黄云利用暑假回春城的机会，继续加强对严仕铭培养引导。

四、先农当书记

1940年8月，中共两阳特派员调陈奇略到阳春先农乡屯堡小学以任教师为掩护，负责中共阳春党组织的领导工作。根据上级决定，中共阳春特支改为中共阳春分委（相当于县委，以下简称阳春分委），陈奇略任书记，组织委员为郑宏璋，宣传委员为陈国璋，3人均在先农乡屯堡小学以教师职业为掩护开展中共地下工作，屯堡小学成为中共阳春分委机关所在地。

1940年8月，中共阳春分委任命黄云为中共先农乡支部书记，邓泰升、邓水生、周道庄为支部委员。中共阳春分委为了更好地密切联系群众掩护党的地下工作，宣传抗日和党的方针政策，教育和团结广大群众，决定由郑宏璋在屯堡小学内开办大众药物供应所，出售药物，并无偿给群众看病，深受群众欢迎。而中共先农乡支部书记黄云与邓泰升等支委，平时以下村家访为名，利用与农户家长接触的机会，积极与家长倾谈抗日思想，物色抗日骨干，培养入党

对象。

通过中共阳春分委和中共先农乡支部所有党员的共同努力，在各村发展了一批农民党员，加上第五保、第六保、第七保（三位保长都是中共党员）的保丁密切配合，先农乡的农民群众抗日情绪高涨，形成了可靠的抗日根据地，为后来群众敢于冒着生命危险保护伤员、积极拥军夯实了基础。

五、抗日保家园

1941年，国民党当局为防备日军利用公路向阳春进攻，动员民众按规定标准破坏阳春属春（湾）新（兴）、春（城）三（甲）、春（城）岗（尾）、春（城）合（水）公路，在路面挖掘梅花坑，拆毁桥梁，拆毁阳春县城古城墙和圩镇、农村的城墙碉堡共240座。原来驻守在两阳、恩平、新兴一带的国民党正规军158师、154师怕与日寇正面对抗撤到了罗定、新兴等地。

1941年3月3日，日军入侵阳江城，中共两阳特派员计划组织两阳武装队伍。同日，阳春分委召开会议决定：集中先农乡公所的第五、第六、第七保掌握的30人枪，成立抗日人民武装队伍；在日军侵入阳春时，黄云负责往东山蟠龙建立抗日根据地，郑宏璋负责往西山建立抗日根据地，并通知在春湾小学的黄云紧急部署，在日军沿漠阳江入侵时率领学生、群众在北部山区开展游击斗争。

黄云向两阳中学（校址在松柏）支部书记林启荣布置任务后，立即赶回先农乡屯堡小学听候中共阳春分委安排工作。阳春中学（校址在三甲）党支部的党员和学生积极分子从三甲步行回春城，等候组织分配战斗任务。南边两阳交界处的中共横山小学支部负责人林元熙、廖绍琏等已组织了80人的人民抗日自卫队和20余人的政治宣传队，计划在阳江的横山、阳春的金堡山区开展抗日游击斗争。

后来因日军没有进入阳春，阳春分委撤销之前的部署，黄云仍返回春湾小学。9月，黄云被调到三甲乡中心小学以教师职业作掩护，负责春西党组织的工作，并联系在三甲乡的阳春中学党员和在庞洞乡念七小学任教师的邓学辉、范林，加强党的领导。

六、拓展党组织

1941年9月，为加强中共阳春分委对青年、妇女工作的领导，中共两阳特派员决定，增加黄云为中共阳春分委青年委员、梁文坚为妇女委员。

1942年7月，中区特委派周天行任中共恩（平）阳（阳江、阳春）特派员。为加强中共阳江党组织的领导，调陈奇略回阳江协助周天行工作，中共阳春分委由郑宏璋任代理书记，陈国璋为组织委员，黄云为宣传委员。

9月，为了在阳春东山蟠龙建立抗日根据地，周天行派黄云重返蟠扶乡中心小学以任教师作掩护，开展党的工作。这是黄云第二次进入蟠龙任教师，当地群众称"秀才"又回来了，威望很高。因乡公所与小学相邻，为了避开乡长陈国福的监视，黄云再次以严仕铭家牛栏旁的杂物室作卧室，与严仕铭同吃、同住、同工作。严仕铭时任蟠扶乡副乡长、蟠扶乡中心小学校长。周天行又抽调阳江县党员陈华森（化名陈树德）和阳春中学毕业的党员陈明到蟠龙沉冲小学当教师，加强蟠龙党组织工作。

1943年2月，黄云认为严仕铭入党条件已经成熟（这个时期上级指示暂停发展党员），给中共阳春分委写了一份介绍严仕铭入党的报告，中共阳春分委把报告呈送周天行。中共中区特委经研究破例批准严仕铭加入了中国共产党。陈华森和严仕铭都是农民出身，教学之余，共同参加各种农活，和农民打成一片。黄云、陈华森、陈明等在蟠龙结交了一批农民积极分子，在高小学生中建立抗日少先队，培养教育严仕铭的弟弟严仕郁和欧圣聪、钟景宏、陈义珋等一批进步学生，为后来建立六团培养了骨干力量，也把学生家长培养成为"二五减租"的积极分子。

七、从戎壮军威

1943年5月，中共中区特委决定培养武装斗争骨干，为开展两阳武装斗争做准备，从两阳党组织中分批抽调党员参加抗日游击部队。第一批抽调阳春党员黄云和阳江党员陈奇略、林元熙、梁元谋等到珠江三角洲参加敌后抗日武装斗争。从此，黄云结束了长达六年的中共地下党工作，转入武装斗争的新阶段。黄云先到阳江与林元熙会合，再前往开平，在中共粤中地区机关与其他县入伍的同志会集后，一起向顺德县出发，到达中山县五桂山（"珠纵"司令部）。他在五桂山当过"群众工作团"团长，负责抗日宣传演出；在三乡独立中队任中队政委。1944年10月，黄云随中区纵队领导机关和主力大队500余人组成的挺进部队，从中山县五桂山抗日根据地出发，开始挺进粤中。

1945年1月20日，经中共中央批准，正式成立广东人民抗日解放军，梁鸿钧任司令员，罗范群任政治委员，谢立全任副司令员兼参谋长，刘田夫任政治部主任，下辖第一团、第二团、第三团。黄云在一团一连任指导员。

广东人民抗日解放军成立后，于当月首战高明县城，战斗中，黄云主要负责率领一批战士干掉敌人设在山上的一个警戒班。攻下高明城后，解放军扩编至四个团。

2月21日，广东人民抗日解放军在攻打新兴县城计划流产后（因情报有误，放弃攻打计划），于22日下午行军至蕉山村做饭休息，被尾追而来的国民党第158师413团包围，部队仓促反击，黄云率领的一团一连由断后变前锋，顽强阻击敌人，掩护大部队撤退。因准备不足，广东人民抗日解放军遭到较大的损失。部队撤到安全地带后，领导将政治部、警卫连所剩的人，加上黄云的一团一连及各部队走散的干部、战士有100多人，编成一个连队，由黄云负责。

蕉山战斗失利后，部队转到恩平，随之成立了第五团。黄云调任该团政治部主任（后调回一团任副政委），政委是郑锦波，团长是吴超炯，吴超炯是恩平人，后因叛变革命被开除，司令部迅速调派四团的陈中坚任五团团长。

2月下旬，广东人民抗日解放军进入阳春县东北边缘的茶园乡，击退国民党茶园乡联防队，部队进行短暂休息，司令部决定筹建第六团，任命霍文为团长，黄云为政委，并以司令部警卫连"雄狮队"为基础，在阳春发展队伍。因霍文在蕉山战斗中负伤未归队，筹建工作由黄云负责。因当时进入阳春的抗日解放军只有司令部和一团，六团尚在组建，司令部与一团不便公开，故以六团名义发布第一份安民布告，布告落款是："广东人民抗日解放军第六团团长霍文、政委黄昌熺。"

1945年3月13日，黄云与广东人民抗日解放军经阳江大八乡转到阳春轮溪乡（现为阳春轮水一带），再挺进到阳春先农乡。回到自己工作过的地方，黄云像回到了自己的家，并且这次回"家"是带来数百人的武装抗日队伍，黄云同志觉得十分高兴。

国民党顽固派阻挠人民开展抗日活动，3月18日上午，国民党阳春县县长陈启钊纠集县自卫大队与合水（二区）、春湾（三区）、潭水（五区）的联防中队及一部分乡自卫队，共300余人，由北向南进发，抢占七星岭制高点，企图袭击抗日解放军。又派人到阳江县请兵，与联防队会合，由南而北夹击抗日解放军。抗日解放军随即抵抗，与国民党阳春保警发生交火（史称七星岭战斗），经过激烈战斗，击退国民党阳春保警联防队的进攻。

当天下午，对先农人民来说是个非常激动的时刻，广东人民抗日解放军司令部在先农沙塘岗村宣布正式成立广东人民抗日解放军第六团，黄云任团长（时年24岁），郑宏璋任政委，陈国璋任政治处主任。19日、20日司令部从雄狮队及一团抽调一批军政干部和一个机枪班、一个步兵班的老战士做骨干，加上来自两阳的新战士，在先农乡沙塘岗、龙塘等村集结，编成六团两个连。第一连连长为陈超，副连长为冯锦，政治指导员为邓启祥，文化教员为陈枫，政治服务员为陈明、邓泰威；另一个连称为团直属队（代号金星队，后改为警卫连），连长为严仕铭，指导员为邓学辉。司令部参谋室代主任郭大同为六团军事指挥，梁文坚任六团政工队队长。

八、英勇杀顽敌

广东人民抗日解放军第六团成立后，主力部队主动向日军和国民党顽固派出击。广东人民抗日解放军司令部及第一团、第六团在两阳地区活动了两个多月，群众对部队的政策已有较多了解，部队与地方党组织有了密切联系，交通站的情报工作逐步建立起来。司令部在恩平岑洞开会研究决定，调集兵力把阳春境内（除县城外）漠阳江沿岸各反动区政府所在圩镇全部攻下，打击国民党顽固派气焰；同时开仓济贫，发动群众，解决部队给养。

夜袭春湾　春湾是阳春境内漠阳江北段最大的圩镇，广州沦陷后，是海盐沿漠阳江北运西江转往粤北和广西的主要通道，商业很繁荣。阳春县第三区区署驻于春湾镇，国民党广东省银行在春湾镇开设办事处。为做好战前准备，抗日解放军派出侦察参谋马敬荣和侦察员对春湾镇进行侦察，绘制地形图，并了解其全部武装分布情况。抗日解放军决定采取速战速决的办法夜袭春湾镇。司令部调动第一团3个连，黄云带领第六团的1个半连，第四团派出2个连，第五团派出1个连（负责运输），共700余人，以代司令员谢立全为总指挥，于1945年4月25日拂晓袭击春湾镇，大获全胜。此仗俘虏国民党顽固派30余人，击毙3人，缴获长短枪50余支及弹药一批；缴获关金券400包共5700多万元，港币58万元以及法币和金银首饰一批，包括粮食在内的战利品甚多。第五团木星连和根据地农民200多人用担子挑都挑不完。战士们用事先准备好的随身空粮袋，塞满钞票挂在自己身上，带回根据地上缴。

战斗结束后，黄云为扩大我军影响，带领几名战士向留在镇内的广东省国民大学（因抗战迁来）、菁苹中学的师生及居民宣传我军的宗旨和政策。

扩大战果　4月28日，郭大同和郑宏璋率领六团两个连100多人，同时发动先农、轮溪两乡根据地群众数百人，攻打岗尾圩第六区区署，打开凉水井谷仓，分粮1000多担给群众度荒，其余部分作为军粮存放在群众家里。

5月4日，代司令员谢立全指挥的一团两个连和六团团长黄云带领的六团部分战士共200余人，攻打第二区区署所在地合水圩。一面派宣传队向群众宣传抗日解放军的宗旨和政策，一面打开合水圩南面的粮仓，分发1000多担稻谷给当地群众度荒，其余稻谷由随

军行动的根据地农民迅速挑往东部根据地。5月6日，六团派出小分队10多人，夜袭地处阳春与阳江交界的漠阳江西岸山坡的古良税捐处，俘虏全部税警，缴获全部枪支税款。

伏击日军 广东人民抗日解放军司令部根据形势发展的需要，决定以六团第二连、第三连为基础，调进部分人员，扩编为"广东人民抗日解放军独立团"，计划于1945年7月14日截击日军，因错过战机，独立团留在漠南建立根据地。7月17日，谢立全率领抗日解放军第一团、第六团一连及干训班，在距离恩平县大槐顶公路边50米的小山丛林埋伏待敌。中午，日军约3000人沿公路向江会地区行进。抗日解放军让其先头部队通过，对殿后运输队300余人猛烈开火。抗日解放军居高临下发挥火力优势，狠狠打击日军。日军用大炮、枪榴弹攻击抗日解放军阵地。战斗40多分钟，击毙日军数十人，伤敌一批，缴获军用物资一批，抗日解放军负伤数人。

黄云在任团长短短几个月里，在谢立全代司令员亲自指挥下，参加大小战斗近十场，开创了教科书式的一系列战例，使六团战士的战斗能力迅速提高。

九、隐蔽保实力

1945年5月下旬，广东人民抗日解放军在漠阳江沿岸连续攻下春湾、岗尾、合水、古良等地后，国民党顽固派既恐惧又恼怒，派兵进驻春湾镇和阳春城，纠合各区联防中队，到漠阳江东部山区进行"扫荡"，并逮捕了分仓谷的群众。5月27日，国民党广东省政府电令陈启钊，贴出布告悬赏通缉六团的阳春籍共产党员、战士，迫害其家属，封屋抄家，没收田地等。悬出赏格为：黄云10万元，郑宏璋、朱尚绚各5万元……赏金全部由被通缉者家属支付。黄云在春城西门街的房屋被钉封，田地、房产契据被没收，两个母亲被赶出家门，借住亲友家中。黄云已经几年没有见面的生母杨卓生被迫迁居广州，再也没回过阳春。当时，黄云正带领第六团的指战员活跃在阳春、恩平、阳江之间的边界区与当地反共势力作斗争。

1945 年 8 月，日本投降，抗日战争取得胜利。国民党当局立即否认广东有共产党领导的部队存在，以"剿匪"为名，公开向人民武装发动大规模的军事进攻，形势十分严峻。

1945 年 10 月 22 日，国民党第六十四军 156 师师长刘镇湘纠集该师第 467 团、第 468 团和省保警第八大队及恩平、阳江、阳春、开平等县的反共团队共 3000 余人，采取"网形合围"的战术，分 6 路包围了恩平萌底，袭击广东人民抗日解放军。恩平萌底战斗打响时，驻扎在恩平萌底的中共部队有 800 多人。解放军司令部发现敌军后，立即抢占观音尖山峰，在教子山村指挥作战，打退国民党多次凶猛进攻，战斗持续到天黑。10 月 24 日部队突围成功，司令部任命黄云为一团代政委，把一团（包括原六团合并过来的部分人员）及干部集训队分成两支队伍并令其返回恩平、阳江、阳春边界山区活动。

原六团 300 余人，大部分分散回阳春：严仕铭、陈明、钟景宏、欧圣聪等返回蟠龙；邓泰威、邓泰升、黄其邦、郑宏湘、郑雄、周道泽等返回先农乡；朱存等返回轮溪乡；黄行、黎光等返回南在乡；黎宗权、柯圣华等返回平坦乡；林方与林举英等返回潭簕乡河政朗村。一团的连指导员周扩源、连长黄杰和军医方百里、陈牧丁等由先农乡党员安排到鸭寮岗村隐蔽，配合治疗伤员。11 月间，黎明、黄云派李重民到恩平大人山与赵荣联系，让赵荣率领小分队回蟠龙后，再转移到阳江县西部的织簀、冲口一带山区隐蔽。12 月，国民党团长潘立强率部队进驻阳春城，对东山山区蟠龙等地进行"清乡""扫荡"。黄云、黎明带领陈庚、严仕铭、陈明、邓泰威等70多人经石菉进入西山那柳茅田，黄云通过同学罗开炎，把部队人员安置到林场山寮，伐木、烧炭，隐蔽将近一个月。

其间，黄云因身份完全暴露被通缉，被迫和严仕铭、陈明带领短枪组回到先农乡联络隐蔽的战士，然后往来于蟠龙、西山之间进行游击活动，对敌进行"小搞"①，抵抗国民党的"清乡"②。既积累了经验，又解决了部队的供给等问题，且为后来各地形成武工组力量布下了"火种"。在蟠龙时，他们以六团的名义向阳春的统战对象寄发了反对内战、争取和平民主建国的信件，宣传共产党的主张。12月下旬，黄云又把队伍从西山带回到先农、蟠龙根据地。国民党军重点"清剿"时，马平、曹广与李培、郑国强、周胜等人组成的两支短枪队时分时合，与国民党军周旋于边界深山密林之中，有效地消耗了国民党军的武装力量。

十、北撤到山东

1946年4月，国共双方经过几十天的谈判，国民党广东当局终于承认华南有中共领导的抗日武装力量，双方同意北撤2400人，不撤退的复员，发给复员证，国民党政府保证中共党员的生命财产安全；广东人民抗日游击队东江纵队（简称东江纵队）撤到陇海路以北。5月，为顾全大局，确保北撤人员顺利抵达目的地，廖承志代表中共发表声明，表示除广东境内的海南岛，其他地区将不主动开展武装斗争。中共中区临时特委在开平三埠召开了干部会议，传达

---

① 部队对敌进行小规模的斗争。
② 国民党保警下到乡村清理共产党人。

广东区委关于北撤的指示精神。5月初，黄云等同志在蟠龙接到上级通知参加东江纵队北撤，由陈庚带领李培及其手枪队的部分战士护送到恩平圣堂交通站，后转台山广海赴香港参加北撤。

黄云、关尤励夫妇合照
（照片由陈立提供，摄于 1981 年）

虽然国共签署了《双十协定》，但我军在鲨鱼涌编队等候期间，国共两军依然剑拔弩张。那时，我军专门派部队保卫北撤人员的安全，而在我军保护圈的外围，却被几层国民党军队包围着。按照原来的协商，我军北撤人员一律不得携带武器，但为预防不测，我军上级还是挑选了一批英勇善战的"醒目仔"暗藏短枪以应对突发事件。

6月30日上午，美军的 1026 号、585 号、589 号登陆舰运载着我军 2583 名北撤抗日将士，径直向山东烟台驶去。

登陆舰劈波斩浪五个昼夜。战士们第一次上舰，都晕船，呕吐得死去活来，难受地躺在舱里面的甲板上。因在舰上要求每人都要登记在册，黄云等一些人不便用真名，填表时，黄昌熺改名为"黄云"，游泳芝改名为"关尤励"。此后，这两个名字就一直沿用。

1945 年 7 月 5 日，山东烟台浪坝码头，胶东解放区党政军民万人云集，红旗招展，鼓乐齐鸣，鞭炮声震耳欲聋。"热烈欢迎劳苦功高的东江纵队！""向东江纵队学习！"等口号声此起彼伏，令处于晕船状态的北撤战士们眼前一亮，精神顿时振奋起来。

这支来自南方的游击队，常年钻山林，衣服又旧又烂，有的脚踏草鞋，有的还打着赤脚，又黑又瘦，老大妈、老大爷看着心疼得直掉眼泪。沿途欢迎的群众争先恐后与战士们握手，还往战士们的口袋里塞花生和鸡蛋。

党中央决定，北撤部队全部划入新四军编制。不久，北撤部队全部第一次穿上了统一的新四军军服，部队的军容风纪立即大为改观。

党中央决定，把北撤部队分别安排到华东军政大学和华东党校以及其专业学校学习，为将来南下做准备。

1946年10月下旬，黄云等170名部队干部在罗范群、刘田夫等领导的带领下，正式进入华东党校学习。

1947年11月，北撤部队学员从华东党校结业，学校挑选黄云、关尤励、莫福枝、庞达和容子青留校，分配在组织科当专职干部。

1949年5月25日，上海解放。华东党校迁入上海，更名为"华东革命大学"，黄云被调到华东革命大学任科长。不久，黄云的妻子关尤励也带着儿子克济从济南调到上海。

十一、从政当公仆

1949年12月6日，黄云遵照时任中共华南分局书记、兼任广西省委书记和广西省人民政府主席的张云逸作出的南下广州的指示，从上海乘火车出发，在杭州小住几天后，继续前行。当列车到达江西南昌时，他接到张云逸一封关于"到广西桂林待命"的电报。正是这封电报，令黄云开始了在广西半个多世纪的工作和生活。同行的还有莫福枝、林道行、尹平、谭光、魏凌风、梁正等。

1949年12月4日南宁市解放。国民党桂系军队溃散时，在广西四处逃窜的官兵，有一部分扮作土匪潜伏下来，他们有较强的战斗力。有一次，人民解放军在平南县山区剿匪，一个营的解放军竟被这种"土匪"打了回来。

广西土匪历来猖獗，地主武装也多。黄云先到梧州地区任宣传部部长，梧州的土匪更是疯狂，随时都会有向政府机关工作人员进行火拼（袭击）的可能。岑溪有一股势力较大的土匪。桂平、平南这两个山区县的土匪虽势力不大，却各自霸据比较多的山头。因此，政府干部经常随身佩带着短枪下乡，团以上干部配有警卫员，下乡或到外地开会时，还要加派警卫排护送。一次黄云到桂平县一个乡去调查和检查工作，刚离开那里不久，乡政府就遭到土匪袭击，牺牲了两名乡干部。还有一次，黄云与梧州干部分乘几辆车前往南宁开会，路经南宁地区的昆仑关附近，其中一辆车就遭到土匪的冷枪伏击。

1950 年至 1954 年，黄云已经被调动过四个单位。1954 年春节前，省委任命黄云为桂林市委第二书记，不久担任第一书记。

由于桂林是通往祖国大西南的交通要道之一，城市发展速度相当快，人口很快从 10 万人膨胀到了 70 万人。黄云担任第一书记时，正值党中央对全国农业、资本主义工商业和手工业进行"社会主义三大改造"运动蓬勃开展时期，工作更具体，节奏更快，常常要忙到深夜。1956 年 1 月，桂林市私营工商业社会主义改造任务全面完成。为桂林实现新民主主义社会向社会主义社会过渡创造了条件。

1956 年秋，黄云调任广西省委工业交通部副部长。1958 年"广西省"更名为"广西壮族自治区"，黄云仍任自治区党委工业交通部副部长。1960 年，他再次到桂林任书记，一年搬了三次家。黄云重返桂林工作时，正是我国经济严重困难时期，城乡人民生活遭遇到

新中国成立以来最大的困难。黄云坚决执行党的政策，不管国家有多困难，但"不能饿死人"。黄云针对面临的饥荒，召开市委会议决定：一是成立生活检查团，检查全市副食品生产和各单位群众生活的安排情况；二是动员全市各机关、学校、企事业单位想办法、出奇谋进行"自救"。大家充分利用大院内外边角地种些蔬菜、瓜果和薯类，有的饲养猪、鸡、鹅、鸭、兔等家畜家禽，有的用水池、水缸养殖据说富含蛋白质的"小球藻"，有的用麦麸、米糠榨出苦涩的"食油"等等，一时间"各种代用营养食品"成了人们日常生活的必需品，渡过了难关。

1977年6月，黄云任中共柳州市委书记、市革委会主任。1978年5月，黄云在柳州市全面开展"实事求是纠正错案，平反冤案、假案（落实政策）"工作。获得了很好的效果。

1985年6月中旬，中共广西壮族自治区第五届代表大会期间，64岁的黄云退居二线，当选自治区顾问委员会主任。2011年6月5日，黄云因病在南宁逝世，享年91岁。

2022年8月

革命热血著春秋

——记谢立全将军

谢小朋　　谢小林

谢立全 1955 年被授予少将军衔

　　谢立全（1917—1973）将军的一生，是传奇的一生。他原籍江西省兴国县樟木乡源坑村，1929 年参加中国工农红军，1930 年加入中国共产主义青年团，1931 年转入中国共产党。在土地革命战争时期，他担任红二十一军一二三团连政治指导员，红三军团第五师政治部青年科科长，参加中央苏区一至五次反"围剿"战争，参加了二万五千里长征。1940 年 6 月，受中共中央委派，他从延安调到广东，任广东游击区第二支队副司令员。1943 年任南番中顺游击区指挥部副指挥，1944 年任中区抗日纵队副司令员，1945 年 1 月任广东人民抗日解放军副司令员兼参谋长，2 月，任广东人民抗日解放军代司令员，3 月在阳春七星岭亲自指挥对国民党阳春地方武装队伍作战，为阳春人民公开向国民党顽固派打响第一枪，接着在先农乡沙塘岗村主持成立广东人民抗日解放军第六团。1949 年任第三野战军三十军政治委员。参加了孟

33

良崮、南麻、临朐、豫东、淮海、渡江等战役。中华人民共和国成立后，任华东军区海军第五舰队司令员兼政治委员。1952 年任军事学院海军系主任。1955 年被授予少将军衔。1956 年起任海军军事学院第一副院长，1962 年任海军学院院长。

谢立全一生战功屡屡，生前著有书籍《珠江怒潮》和《挺进粤中》。

一、年少接受红色基因

谢立全，又名陈明光，1917 年出生于江西省赣州市兴国县樟木乡源坑村五里山脉中的一户贫苦农民家庭。他从小好学多问，天生娃娃脸，非常讨人喜欢。他父亲的朋友建议谢家人要创造条件让他上学读书。当时当地是红色游击区，红军首长空闲时常逗他玩，教他识字，还给他讲故事。使他从小懂得了不少"大道理"，他希望长大后也像部队战士那样拿枪训操。

谢立全记忆力好，是全村出了名的小才子，学校放假期间，总有一帮小同学围着他去找小红军聊天。他的小学时光很快结束了，初中要到山外就读，无奈家里的经济难以支撑小立全继续读书。懂事的他小学毕业后，就主动向父亲提出要去参加红军，父亲觉得有点儿为难，因立全才 12 岁多，比长枪高不了多少。

立全知道父亲没有反对，便天天跟着那些小红军一起，见到首长就主动打招呼，还教个别红军哥哥学字。部队首长觉得他很机灵，能吃苦，身体好，又识字，部队正缺乏这样有文化的红色"小鬼兵"。于是经上级首长特批，立全成为红军的司号员。

二、从戎为革命

1929 年，不足 13 岁的谢立全就正式入编了中国工农红军正规部队。在部队这个大家庭的熏陶下，他逐渐懂得了为什么要革命，为什么要拿起枪杆子的道理。他对战友总是热情恭敬，一天到晚忙个不停，大家都很佩服这位"熟识业务"的小兵。1930 年组织启发他加入中国共产主义青年团。1930 年 10 月，在第一次反"围剿"战斗中，谢立全正确执行红一方面军的"诱敌深入"的方针和"中间突破"的战术，成绩显著，被任命为排长。

1931 年 2 月，红军粉碎了蒋介石调集 20 万兵力发动的第二次"围剿"。谢立全由于作战勇敢，政治觉悟迅速提高，经组织多方面考察批准，由共青团转入中国共产党。不久，"朱毛"红军队伍从井冈山到兴国县樟木乡扩红（招兵），当时谢立全是二十一军一二三团连级指导员，随部队回到老家樟木乡扩红。他回到家乡与亲朋故旧亲切相聚，借此机会，积极宣传红军是穷人的队伍。结果几天工夫，源坑村和邻近几条村就有 170 名健儿报名参加红军，被毛泽东称赞为"扩红模范村"。后来，谢立全又相继参加了第三、四、五次反"围剿"战斗。

三、长征到陕北

1934 年，谢立全参加了举世闻名的二万五千里长征。当时他任红三军团 11 团总支书记。11 团是负责全军后卫的，如掉队意味着死亡。经过川西高原时，他先是负伤后又患痢疾，腹泻 40 多天未愈，身体十分虚弱，连马都骑不了，为了不让谢立全掉队，时任 11 团政委的王平下令，派 5 名战士保护他继续前行。过草地的时候，很多地方是沼泽地，稍不小心就陷入了沼泽里无法解脱。保护他的战士没经验，结果，5 名战士最后仅剩 2 人，硬是将他带出了草地。

过草地期间就地宿营时，谢立全把两棵树的树丫绑起来当床睡，熟睡后翻身掉到地上，满身沾上泥浆，只能用体温把身上的湿衣服焐干。在长征路上的一次战斗中，敌人的手榴弹落在他的身边，导火索吱吱作响，他快速地把手榴弹捡起来投回去，炸死了好几个敌人。

经历了两年无比苦难和生与死的考验，红军长途跋涉来到了陕北。为了扩大苏区，接应正在北上的红二、四方面军，先期到达陕北的红一方面军发起西征战役，由红一军团和红十五军团组成西征野战军，进驻甘肃宁夏一线。在一次战斗中，敌军骑兵趁红军兵力不足，从侧翼偷袭红军后方，得手后抢去 400 多只羊、100 多头牛，还有 40 头驴子及其驮的棉花布匹。好不容易征集来的物资，却被敌军强行夺走，事关全体红军能否度过长征途中第二个严冬的重大问题。于是，红一军首长重新派出团教导营（随团学校）对敌人进行袭击，抢回物资。教导营所辖的 4 个连，是由经历过长征的连排干部组成，战斗力强，是野战军首长麾下的精锐中的精锐。领下任务后，营长贺德全和军团侦察科长唐子安率一个连袭击敌骑 3 师师部，营救出被俘战友，还缴获 100 多匹战马。总支书记谢立全率两个连，悄悄占领了骑七团驻地周围制高点，趁夜冲进敌营，不仅夺回全部被抢物资，还缴获 300 多匹战马，谢立全一人就牵回了 6 匹马，把自己变成了"骑兵营"。

1936 年 6 月，美国著名作家、记者斯诺来到陕北红色根据地采访。一天斯诺看见抗日军政大学学员在唱歌，在猎猎翻飞的军旗下，一位全副武装的战士正迎着喷薄欲出的朝阳，精神抖擞地吹响了冲锋号，几十个红军健儿在高声呐喊着"冲啊！""杀啊！"猛烈地向前冲，这精彩的场面，令斯诺激动地按下了相机快门，留下了中国人民抗日解放军向日本帝国主义吹响冲锋号的生动画面。这位入镜的吹号手，就是红军大学大队政治委员谢立全，他当时正在指挥战士训练，给号兵作示范。后来，斯诺把此相片用作他的《红星照耀中国》（译本为《西行漫记》）一书的封面。

图为年仅19岁的红一军团教导营（随团学校）总支书记谢立全，照片作为《西行漫记》的封面

四、粤中纵队军事总指挥

1939冬，时任抗日军政大学三分校大队政委的谢立全，作为作战经验丰富的军事骨干，被刘少奇同志指派前往南方各游击区开展敌后武装斗争。1940年6月，谢立全受中共中央委派正式从延安调到广东。9月，担任南番中顺中心县委委员，负责军事工作。谢立全跟从部队辗转了大半个中国，经历无数次大规模战斗，以为这次来广东有几百号人马的队伍等他来指挥，而来到珠江三角洲，迎接他的却是一支20多人的整装不全的游击队伍，还不及自己在正规部队里的一个排的兵力。不但如此，武装队伍的战斗环境还极其恶劣，不仅要解决怎么隐蔽、怎么开展对敌斗争等问题，还要应对日军重装备集团第23军和各地方大批国民党顽军。

面对这重大考验，谢立全发扬喜欢钻研和啃硬骨头的作风，按照上级的要求，与林锵云等人一起，组建了广游二支队独立第一中队。他一边当教官训练队伍，一边发动群众，摸索出一套水网地区的战法。在距广州市不到30公里的顺德县，建立起游击区和堡垒村。在南海、番禺、中山、顺德等地方组织了多次战斗，屡战屡胜。1941年8月起，经党中央批准，谢立全代表中共南番中顺中心县委和南番中顺游击区指挥部，直接领导中山人民武装队伍，开展以五桂山为依托的中山抗日敌后游击战争。

1944年10月1日，省委在中山五桂山古氏宗祠召开会议，宣布成立广东人民抗日游击队中区纵队，谢立全担任副司令员。在司令员梁鸿钧的指挥下，率领机关和粤中主力大队近500人从五桂山出发，冲破日伪军重重包围，到达高明、鹤山县抗日游击区，执行新的战斗任务。11月11日，中区纵队改为两个支队，其中在粤中地区活动的部队改称广东人民抗日解放军（这是国内最早打出解放军旗号的武装力量）。1945年1月21日，经中央批准，由周恩来代表中央对广东省临委复电宣布：梁鸿钧（经历二万五千里长征）任广东人民抗日解放军司令员，罗范群任政治委员，谢立全任副司令员兼参谋长，刘田夫任政治部主任。谢立全后来任广东人民抗日解放军代司令员、参谋长，当时下辖有四个团。

五、热血洒粤中

广东人民抗日解放军成立后，部队领导机关和中区特委坚决贯彻中共中央关于广东抗日游击战争，应以向西发展为目前主要方向的指示。1945年2月21日夜晚，广东人民抗日解放军司令部、政治部率部队400余人从高明老香山根据地出发西进，计划袭击新兴的国民党顽军。当进入新兴县境时，获悉国民党顽军已有所防备，决定放弃攻打新兴县城计划，改为向阳春、阳江进发。因部队日夜行军已十分疲倦，临时决定在新兴县的蕉山村宿营。22日下午，天仍下着小雨，许多战士全身湿透、肚子很饿，这时部队却遭到了国民党顽军的围攻。抗日解放军奋起反击，在地形极端不利、军事力量悬殊的情况下，指战员英勇战斗，顽强阻击，司令员梁鸿钧等59名指战员英勇牺牲，50多人受伤，70多人被俘，损失轻重武器一大批。部队退出战斗以后，马上兵分两路向恩平、阳江、阳春方向前进。经过一个星期艰苦行军，到达了恩平县石马村，两路军会合再转到恩平清湾，广东人民抗日解放军司令部此时决定，建立广东人民抗日解放军第五团。

2月底，广东人民抗日解放军挺进阳春县东北边缘的茶园乡，击退国民党茶园乡联防队，在部队短暂休整期间，司令部决定筹建第六团，并以司令部警卫连（雄狮队）为基础，在阳春继续发展革命武装队伍。因广东人民抗日解放军司令员梁鸿钧在蕉山战斗中牺牲，上级决定，由参谋长谢立全任代司令员，坚持粤中斗争。

3月13日，广东人民抗日解放军进入阳江县东北部的大八乡，派一团和司令部警卫连攻打大八圩国民党顽固派据点，没能攻下。抗日解放军撤离大八乡，进入阳春轮溪、先农。在龙门上双的郑宏璋，接到交通员送来的情报连夜赶回先农乡，向广东人民抗日解放军司令部代司令员谢立全、政委罗范群、政治部主任刘田夫汇报两阳党组织筹建抗日人民武装情况及国民党方面情况。司令部根据阳春的情况，计划3月16日夜袭阳春城。后因机密泄露，司令部放弃原计划，将部队撤回先农乡的七星岭一带，人员在各村隐藏起来。

3月17日夜，以陈启钊为首的国民党阳春县政府，集结了阳春联防队及乡自卫队共300余人，准备包围驻扎在先农乡沙田垌村的抗日解放军司令部，18日凌晨，我军哨兵发现国民党联防队已占据了七星岭一带的制高点，抗日解放军迅速登上沙田洞村后面的山顶，但这里的地势低，位置不利。为了抢占制高点，谢立全立即指挥李德胜中队，从山腰绕道接近国民党联防队进行强攻反击，最终击退敌人。这是阳春人民公开对国民党顽固派斗争打响的第一枪。七星岭战斗的胜利，极大地鼓舞了当地老百姓对敌斗争的志气。当天下午，广东人民抗日解放军司令部在先农沙塘岗宣布成立广东人民抗日解放军第六团。黄云任团长，郑宏璋任政委，陈国璋任政治处主任。

1945年4月24日，谢立全经过周密部署，调动第一团的3个连、第六团1个半连、第四团2个连、第五团1个连（负责运输）及地方群众共700余人，奔袭阳春县重镇——春湾，他亲自指挥，一举拿下当时设在春湾的广东省银行的金库和粮仓，缴获了大批现金和粮食，不仅改善了部队的供给，还有力支持了当地群众的春耕生产。

1945年10月22日，国民党第六十四军156师师长刘镇湘纠集该师第467团、第468团和省保警第八大队及恩平、阳江、阳春、开平等县的反共团队共3000余人，采取"网形合围"的战术，分6路包围了恩平萌底，袭击广东人民抗日解放军。驻扎在恩平萌底的中共部队有800多人在代司令谢立全的指挥下，打退国民党多次凶猛进攻，战斗持续到天黑以后，部队突围成功。

六、北撤参加多场战役

抗日战争胜利后，根据国共重庆谈判"双十协定"，为了实现国内和平，广东抗日武装主要骨干力量奉命北撤山东烟台。国民党广州行营一面与我军谈判北撤事宜，一面暗中部署兵力，叫嚣要制造"第二个皖南事变"。根据协定，我军租用3艘美军坦克登陆舰，三方成立登舰协调三人小组，由美军、国民党军和我军各派一名代表，负责划定驻扎区域，测量水深和粮食供应。国民党军代表不断制造障碍，企图改变登舰时间地点，阻挠我军顺利登舰，而担任组长的美军上校暗中偏袒前者。担任我军代表的谢立全沉着应对，在揭穿对手花招的同时，以严谨周

图为谢立全北撤到山东时的照片，图左是谢立全 （摄于 1946 年 7 月）

密的作风，赢得美军组长的好感，最终达成了对我军有利的撤退方案。1946 年 6 月 30 日，2500 多名广东健儿告别浴血抗战多年的家乡，在大鹏湾鲨鱼涌登上美国军舰，踏上了北撤征程。

美国军舰不是那么好坐的，刚一启航，美海军就要求我军按"航行规定"交出武器锁入底舱。我军针锋相对：一是自卫武器要随身携带，二是美军武器也要交出，三是钥匙归我方保管……

由于我军纪律确实与他们曾经运过的"国军"不同，双方关系趋于缓和。即便如此，谢立全与北撤军政委员会的同志丝毫也不敢懈怠，安排懂航海的人员上舰桥值守，监视航向，直至五天五夜后，烟台港出现在眼前。

谢立全随北撤队伍进入山东后，先后担任华东军政大学大队政委，华东野战军第六纵队师政委，第三野战军 30 军政委等要职。组织部队参加了孟良崮战斗、豫东战役、淮海战役、渡江战役等著名战役。1948 年在淮海战役第一阶段中，华野在粟裕司令员的指挥下，于碾庄包围了黄百韬的国民党军队第七兵团，其中就有在广东经常制造摩擦的国民党第 64 军，尤其是该军的刘镇湘率领的 156 师，在

恩平荫底包围袭击正在此集训的广东人民抗日解放军，造成抗日解放军较大的伤亡。时隔三年，在江苏大地与老对手再次交锋，但此时非彼时，谢立全率部担任西线主攻，带着复仇的火焰，在缴获的坦克和大炮的掩护下，与兄弟部队一起全歼了该敌。

七、中国人民解放军海军学院院长

为加强我军正规化和现代化建设，根据毛主席的指示，中央军委选址南京，组建我军综合型最高学府——军事学院，刘伯承担任院长。1952年，经刘伯承院长亲自点将，时任华东海军第5舰队司令员兼政委的谢立全，被调入军事学院相继任海军系主任、院党委委员，军事学院第一副院长、海军学院院长。

军事学院海军系选址在南京原国民政府盐务局旧址半山园，在建系初期，困难重重，一无大纲二无教材三无教员，几幢旧楼和20多名干部是创业的基础。困难没有难倒谢立全，作为延安抗日军政大学曾经的大队政委，他努力把抗大的校训贯穿在初创过程中，带领教职员工艰苦创业；有过两年舰队指挥经历的他，深知海军是一个高技术的军种，容不得半点儿蛮干和马虎，他充分尊重海军系副主任林遵等一批原国民党海军起义军官，大胆使用从第5舰队带到海军系任教的8位原海军舰长和黄埔军校毕业的军官作

1966年1月，朱德委员长在军事学院院长张震（左）、政委王平（右）、海军学院院长谢立全（中）陪同下，视察军事学院和海军学院

为教员。

刘伯承院长为激励军事学院教员安心教学,曾提出口号"干在石头城,埋在紫金山"。谢立全也与各教员们逐一谈话,将心比心。多年后一位海院老人回忆此情此景:他(指谢立全)作为正军级干部,当时带着二十几个人,埋头苦干当"教书匠",他都能放得下,我们又有什么放不下的?

面对帝国主义的封锁和国民党海军的袭扰,谢立全组织力量修复国民党遗留在大陆的百余艘老旧舰艇,促成新老海军人员的团结,很快形成了战斗力。下辖的炮艇大队在护渔护航中多次以弱抗强,水兵赵孝庵成为人民海军第一个战斗英雄,出席了首届全军英模大会,414号炮艇作为功勋艇,至今陈列在北京革命军事博物馆;由7艘河字号中型登陆舰组成的第1大队,运载陆军解放了浙东沿海诸岛;无独有偶,第2大队的6艘山字号大型坦克登陆舰,正是当年北撤乘坐的同型舰——美制LST级,先是以"美援"方式送给国民党海军,后又通过起义和缴获,成为当时人民海军远程渡海的重要装备。

为了尽快熟悉新的战斗岗位,谢立全虚心向苏联顾问请教编队指挥,拜起义过来的原海军指挥员为师,掌握操舰技术,由坐船的变为管船的海军指挥官。

八、对老区的怀念

1955年,年仅38岁的谢立全被授予少将军衔,荣获八一勋章、独立自由

谢立全(右一)与苏联海军专家在一起
合影留念   (摄于1954年)

勋章和红旗勋章。

获得殊荣的谢立全没有飘飘然，他觉得这些功劳都是一起战斗的战友、患难与共的根据地人民共同创造的，他十分怀念那些牺牲的战友、乡亲。当年被谢立全指导员发动兴国县老乡报名当兵的170名战友，解放后只有张富华开国大校健在。还有那些在新兴蕉山战斗、七星岭战斗、萌底战斗等一系列战斗中牺牲的战友，一直萦绕在他的脑海，他觉得要为他们树碑立传，让后人永远纪念他们。

20世纪60年代初，谢立全抱病写了两本反映广东抗战的回忆录《珠江怒潮》和《挺进粤中》，现在已成为华南党史研究的珍贵史料。当时所得的3000元稿酬，谢立全除了给当舰艇兵的长子买了一块上海牌手表外，其余都用来接济烈士遗属和当年的房东。

1973年10月，一生战功累累，为粤中抗日和解放事业作出重大贡献的谢立全将军在北京逝世，年仅56岁。

七星岭战斗

蔡少尤

　　我站在七星岭顶看风景，背后是云灵岭，脚下是七星岭，前面是鹅步岭、河东岭、白石岭、牛耳岭、纱帽岭、潭梅岭、雷公岭。七星岭由七座相对等高形如北斗的七座山组成，因此而得名。七星村委会在解放前属于先农乡一部分，先农的名字取意于神农氏，先农乡有近30条自然村，村落大多数分布在依山傍岭的位置，适合当地游击队在这活动。

　　1945年3月18日，这是值得阳春人民永远纪念的日子，这一天，中国共产党领导的广东人民抗日解放军在先农乡的七星岭向国民党阳春地方顽固派打响了第一枪。

一、战场遗址

　　当年先农乡七星岭战斗的战场遗址，涵盖了春城街道七星村委会东侧的山头岭脚。北到平山坡、荔枝林，南到沙田垌、沙塘岗、龙塘村一带的茫茫岭地都属于遗址范围。其中，从犁壁坑到马鞍山的岭上通道是主战场，遗址总面积约8平方公里。

　　战场遗址一共有4个。

　　其一，七星岭战斗遗址。此遗址位于平山坡村对面的里冲北部，属于遗址高地，约有 200 多米，登顶四望，景观开阔，山村田园，尽收眼底。七星岭战斗发起时，广东人民抗日解放军代司令员、军事总指挥谢立全亲自督战，战士们奋不顾身冲上这座山头，控制了这个制高点，在猛烈的火力进攻下，敌人被迫撤退了。

其二，云灵山脚马鞍山获胜遗址。敌人因受七星岭高地的战火制约，被迫惊悚地向北往春城老巢撤退，解放军战士穷追不舍，枪声不绝，因敌人匆忙逃命，抗日解放军大获全胜。

其三，六团成立遗址。趁着七星岭战斗获胜，广东人民抗日解放军司令部宣布，正式成立广东人民抗日解放军第六团。该遗址位于春江公路边的沙塘岗自然村，村路口建有花岗岩石板门楼，其顶部镶着红五星，红五星下写着"广东人民抗日解放军第六团成立旧址"的金色大字。村内保留成立广东人民抗日解放军第六团遗址屋，屋内两边墙壁分别有"六团简介"和"六团领导人简介"。该旧址被命名为阳江市爱国主义教育基地和中共党史教育基地。

其四，犁壁坑战斗遗址。该遗址本来是两山相夹的一个大坑沟，南北走向，形成洼地，是当年国民党县政府为防日军入侵拆毁了公路桥而改道通往岗尾乡的主要通道（山路）。其时，国民党阳春县县长陈启钊亲自用重金请来的国民党两阳挺进第二大队 300 余人，正准备驻扎在此，计划兵分几路包抄六团团部。这里成了七星岭战斗的第二个战场。解放后，人民群众在犁壁坑修筑了一座水库。

二、决战背景

七星岭战斗具有深厚的历史背景。

1944 年 11 月 11 日，中共广东省临时工作委员会和东江军政委员会举行联席会议，决定调整珠江、粤中两地部队建制，把广东人民抗日游击队中区纵队分为两支部队，在珠江地区活动的部队称为"广东人民抗日游击队珠江纵队（简称珠江纵队）"；在粤中地区活动的部队改称"广东人民抗日解放军"。

1945年1月20日，经中共中央批准，公开发表了《广东人民抗日解放军成立通电》。29日，广东人民抗日解放军在鹤山县宅梧召开成立大会，梁鸿钧任司令员，罗范群任政治委员，谢立全任副司令员兼参谋长，刘田夫任政治部主任，下辖第一团、第二团、第三团、第四团。

2月21日，广东人民抗日解放军司令部、政治部率部队400余人从高明老香山根据地出发，西进准备袭击新兴县顽军。途中获悉顽军已有所防备，于是放弃了攻打新兴县城的计划，改向阳春、阳江进发。不料在22日下午，在蕉山村遭到了国民党军158师473团包围。广东人民抗日解放军当即奋起反击，在地形极端不利、军事力量对比悬殊的情况下，指战员英勇作战。战斗中，司令员梁鸿钧等59人牺牲，50多人受伤，70多人被俘。部队退出战斗后，兵分两路向恩平、阳江、阳春方向挺进。经过一个星期的艰苦行军，到达恩平县石马村，两路人马会合，转到恩平清湾，广东人民抗日解放军司令部在恩平成立了广东人民抗日解放军第五团。

2月下旬，广东人民抗日解放军进入阳春县东北边缘的茶园乡，决定筹建第六团，任命霍文为团长，黄昌熺（黄云）为政委。霍文因在新兴战斗负伤未归队，筹建工作由黄昌熺负责，其张贴了第一份安民《布告》，落款为"广东人民抗日解放军第六团团长霍文、政委黄昌熺"。

3月13日，广东人民抗日解放军进入阳江县东北部的大八乡，一鼓作气攻打大八圩国民党顽军据点。但因战斗失利只好撤离大八，

进入阳春，其中部队司令部驻扎在先农乡沙田垌村，其余的分布在十多条自然村中，个别人员和伤员留在轮溪乡的轮岗、轮水等村断后防备。

早在1940年3月，先农乡已经成立了阳春县第一个农村党支部——中共先农乡支部；1940年乡内的屯堡小学就是中共阳春特别支部所在地。1940年8月，特别支部升格为中共阳春分委（县委），屯堡小学成了分委所在地。分委书记陈奇略和宣传委员陈国璋在屯堡小学任老师，而组织委员郑宏璋一直担任该校校长。青年委员黄云、妇女委员梁文坚曾分别在先农中心小学任教师，并且控制五保、六保、七保的武装力量。

从抗日战争到解放战争，先农第五保、第六保、第七保的范围只有1600多人，各村涌现了近100位革命者（含堡垒户骨干），其中沙田垌村先后有13人参加了革命，烈士邓水生同志就是该村在解放前夕壮烈牺牲的大英雄！在解放前为革命牺牲的烈士有五人，参加北撤成功的有七人。至于同情革命、支持革命的堡垒户、支持户更是不胜枚举，雄厚的群众基础为七星岭战斗创造了优越的先决条件。

三、战斗经过

1945年3月13日，广东人民抗日解放军到达先农乡七星岭范围，当天晚上就在沙田垌村召开会议研究战事。得悉国民党顽军158师远在百里外的新兴县，阳春县城只有一个自卫中队的兵力时，解放军司令部决定在3月16日夜袭阳春城。

料想不到的是，国民党阳春县县长陈启钊已获悉抗日解放军进入阳春的消息，暗中调动各区（乡）联防队进城，并派出了一个班在先农乡雷塘村放哨警戒。16 日晚，抗日解放军尖兵部队在雷塘村东的大路与国民党联防队班哨不期而遇，抗日解放军的向导、先农乡农民韦越首先发现，在发出危险信号后不幸被俘（后被枪杀），夜袭春城的计划就这样暴露了。

司令部认为国民党联防队早有准备，若强攻春城，即使获胜，也必须即刻撤离，否则必然暴露党的地下组织。经过权衡利弊后，司令部当机立断放弃了攻打春城的计划，将部队撤回到先农乡七星岭山脚周围的村庄内。

正所谓"树欲静而风不止"，我们抗日解放军放弃攻打春城，春城的国民党联防队却受命要"围剿"我们的子弟兵。17 日夜，陈启钊调集阳春县自卫大队与二区（合水）、三区（春湾）、五区（潭水）的联防中队，以及一部分乡自卫队共约 300 余人，由北而南抢占了七星岭制高点，企图把抗日解放军消灭在七星岭一带。

18 日凌晨，驻扎在沙田垌村的抗日解放军哨兵发现国民党联防队已占据七星岭附近的制高点，立即向司令部报告。于是，抗日解放军的队伍迅速登上了沙田垌后面的山顶。但与七星岭高地相比，沙田垌地势较低，不利于作战。为了抢占制高点，代司令谢立全亲自指挥李德胜中队，从山腰绕道接近国民党联防队所在的高地进行反击。在当地向导潘一的引领下，李德胜中队兵分东、西两路靠近敌人，李德胜带领一部分从东面沿稔子坪、长坦坑冲向山顶，配合西路人员强攻，奋不顾身扑向敌人，最终将国民党军占领的制高点攻克了下来。战斗中，中队长李德胜冲锋在前，不幸胸部中弹英勇牺牲了。

国民党自卫中队队长陈兆云被抗日解放军的子弹打穿了下巴，只能由其部下架着，从北面山坡向春城溃退。抗日解放军一路追击

敌人到了云灵山下的马鞍山村，毙伤了国民党联防队人员 10 多人，缴械一批，然后才撤回七星岭附近的村庄。

七星岭战斗取得胜利的消息，使逃回春城的国民党联防队败兵如丧家之犬，惶惶不可终日，达官显贵纷纷逃离春城。广东人民抗日解放军首战告捷军威大振，于 3 月 18 日下午，乘势在沙塘岗村宣布成立广东人民抗日解放军第六团，黄昌熺任团长，郑宏璋任政委，陈国璋任政治处主任。第一连连长为陈超，副连长为冯锦，政治指导员为邓启祥，文化教员为陈枫，政治教员为陈明、邓泰威；警卫连连长为严仕铭，指导员为邓学辉。郭大同为军事指挥，梁文坚为政工队队长。

国民党联防队败于马鞍山后，陈启钊不甘心失败，又于 3 月 21 日派人到阳江城，花重金向两阳"挺进第二大队"请求派兵 300 余人，前往阳春县岗尾圩会集六区联防队、乡自卫队，计划在天亮时到达七星岭犁壁坑，企图再次包围抗日解放军司令部，从而抢占白石岭，把抗日解放军彻底消灭。

六团的指战员们事前得到了可靠消息，及早防备，加强放哨。一大早，刚调到六团的梁源和另一名哨兵老远就发现了这群国民党兵（含联防队），六团指战员利用犁壁坑的奇险山岭迅速做好作战准备，第一时间抢占了险要位置（必经之路），准备打一个伏击战。当国民党兵沿着犁壁坑移动时，发现前面地势险要，先派少数人马打前卫，后面的人马保持一段距离。当国民党兵前卫队员已进入包围圈时，发现了抗日解放军，妄想退出。此时，我抗日解放军立即开展一阵猛攻，断其退路，国民党兵还没到达目的地，就被包围在山坑沟里，进退两难，只能伏在山坑沟东躲西藏溃不成军，任由解放军点射。在彼此的冷枪点射中，国民党军一位排长当场毙命，六团战士黄畴也不幸负伤。双方一直相持到当日傍晚。这时候司令部接到报告，来犯之敌"挺进第二大队"是抗日将领蔡廷锴旧部谭启秀所组建的部队，向来有抗

2021年9月，阳春市革命后代前往七星岭听取老一辈群众讲述当年谢立全代司令员指挥七星岭战斗场景。

日志向。于是，我方便派出政治部秘书长谭桂明与敌方代表进行谈判。谭桂明一边在战场上向敌人隔坑喊话，一边向对方派发宣传单，宣传六团的抗日主张。最终使双方达成了协议：解放军不再进攻阳春城，"挺进第二大队"不再"围剿"抗日解放军。谭启秀就这样带着他的300人撤出了先农乡。

七星岭战斗就这样画上了一个句号。这是广东人民抗日解放军在阳春向国民党黑恶势力公开宣战的第一枪。抗日解放军的威望传遍了漠阳大地，老百姓听了浑身充满了力量，当地群众扬眉吐气，称抗日解放军为"神兵"。随着六团的不断壮大，有效地震慑了两阳的国民党反动派，为发动广大人民群众站起来开展革命斗争，建立红色根据地奠定了良好基础。

2021年9月25日于春城

七星岭上常青松

——记革命烈士李德胜同志

苏 卫　　黄巧云　　梁 竹

　　七星岭位于春城先农乡云灵山脉向西南延伸、相对独立的山峰，其重峦叠嶂，呈东高南低蜿蜒之势，形成阳春南北季风气候的第一道绿色屏障。山上遍布原始生态灌木林，有多处瀑布，景色秀丽宜人。

　　1945 年 3 月 18 日，正是于此景地，广东人民抗日解放军果断地向国民党黑恶势力打响了第一枪，这是广东人民抗日解放军在阳春的第一次战斗，史称"七星岭战斗"。名不见经传的七星岭因此被载入史册，而在战斗中壮烈牺牲的李德胜中队长，成为七星岭上一棵永恒的常青松。

一

　　李德胜于 1910 年出生，广东南海人。抗日战争时期，他为了抗日参加了国民党珠江武装部队，到部队后才知，原来国民党招兵不是去打日寇侵略者，而是维护官僚资本买办阶层的根本利益，反对共产党与劳苦大众在一起。他大失所望，在队伍中常会发出对现状不满的声音，被部队中我党的政治教员发现并加以引导和教育。他秘密参加了我党举办的训练班学习，更增加了对国民党现行政治体制的极端不满和愤恨。

李德胜随国民党军秦炳南部队起义后，队伍经我上级党组织批准，被以谢立全为军事总代表的中共南番中顺中心县委和南番中顺游击区指挥部收编，直接列入中山人民武装队伍，参与以五桂山为依托的中山抗日敌后游击战争。

1944年10月1日，中共广东省临委在中山五桂山古氏宗祠召开会议，宣布成立广东人民抗日游击队中区纵队。在梁鸿钧（经历二万五千里长征）、罗范群、谢立全（经历二万五千里长征）、刘田夫等同志的领导下，率中区纵队领导机关及主力大队近500人从五桂山出发，向粤中挺进，扩大抗日游击区。李德胜中队长由于军事素质好，担任前卫开路，冲破国民党军重重包围，掩护主力部队到达高明、鹤山县抗日游击区，执行新的战斗任务。

11月11日，中区纵队改编为两支部队，其中在粤中地区活动的部队改称广东人民抗日解放军。1945年1月20日，经中共中央正式批准并发布通电《广东人民抗日解放军成立通电》（这是国内最早打出解放军旗号的武装力量）。中共中央还对广东省临委的复电宣布：梁鸿钧任司令员，罗范群任政治委员，谢立全任副司令员兼参谋长，刘田夫任政治部主任。

二

广东人民抗日解放军成立后，部队领导机关和中区特委坚决贯彻中共中央关于广东抗日游击战争应以向西发展为目前主要方向的指示。1945年2月21日，从高明老香山根据地出发的广东人民抗日解放军司令部、政治部率部队400余人西进，计划袭击新兴的顽军。当部队进入新兴县境时，获悉国民党军已有所防备，决定放弃攻打新兴县城计划，改向阳春、阳江进发。战士夜以继日行军，又困又饿，部队临时决定在新兴县的蕉山村及附近几条村宿营。22日下午到达蕉山村，天仍下着细雨，部队做饭的时候，遭到了国民党顽军第158师第473团的围攻。在地形极端不利、军事装备悬殊的情况下，部队迅速分成两部分，一部分按谢立全事先布置的沿着村后河边上游方向在敌人收紧包围圈之前转移；另一部分指战员对敌英勇顽强阻击。在突围战斗中，李德胜中队负责用机枪压制敌人的正面强攻，拖延时间，以便借天黑掩护部队战士们往村后撤退。当部队第一次顽强地突破敌人隔河封锁村后的撤退路线缺口后，指挥部人员已基本离开村子。很快，敌人又封锁了突围的路口，部队再次组织兵力强冲，伤亡很大。有的往屋后山撤退，由于速度慢被追上来的国民党军抓住，这轮强冲只走出了少数人。天已全黑的时候，李德胜等人和所有伤员被敌人打散，被困在村子的屋里或牛棚屋坚持巷战。他们浴血奋战拖延敌军集中到村子里的时间，为部队赢得了更多的撤退机会。李德胜和几位战友借着黑夜，趁着混乱，迅速披上从国民党死伤兵身上剥下来的黄色衣服，巧妙地分散突围，沿着预先确定的山路撤退，迅速追赶主力部队。

主力部队退出战斗以后，马上兵分两路向恩平、阳春、阳江方向前进。经过一个星期的翻山越岭，艰苦行军，到达了恩平县石马村。两路军会合再转到恩平清湾，广东人民抗日解放军司令部此时决定，建立广东人民抗日解放军第五团。

三

1945年2月底，广东人民抗日解放军进入阳春县东北边缘的茶园乡，司令部决定，由参谋长谢立全任代司令员，继续坚持粤中斗争。

3月13日，广东人民抗日解放军进入阳江县东北部的大八乡，然后进入阳春轮溪（现在的轮水村委一带）、先农（现在的七星村委一带）。

司令部驻扎在先农乡沙田垌村后，当晚立即召开会议，根据可靠情报得知：国民党顽军的第158师远在百里外的新兴县，阳春县城只有一个自卫中队的兵力。于是司令部决定：3月16日夜袭阳春县城。不料国民党阳春县县长陈启钊提早得知抗日解放军要进入阳春县城的消息，暗中调动了各区的联防队进城，并派出一个班的人员在先农乡雷塘村（地豆岗附近）哨卡加强警戒。16日晚，当本地农民向导韦越引领抗日解放军的尖兵部队来到雷塘村东的大路时，韦越发现情况不妙，立即发出"有危险"的信号。韦越被俘（后被枪杀），夜袭计划暴露了。司令部当机立断放弃了原来的计划，将部队撤回到先农乡，司令部也转移到了七星岭半山腰潘一和欧一家宿营隐蔽。

四

当抗日解放军撤回到先农乡的时候，国民党保警乘机而进。17日夜晚，陈启钊调集了阳春县自卫大队与二区（合水）、三区（春湾）、五区（潭水）的联防中队及一部分乡自卫队，共300余人，由北向南抢占了七星岭的制高点，企图包围袭击抗日解放军。他还许以重金派人到阳江城请两阳挺进第二大队开到阳春县岗尾圩，并会集六区联防队、乡自卫队，由南向北夹击抗日解放军，妄图将我抗日解放军消灭在七星岭一带。

18日清晨，驻扎在先农乡沙田垌村屋背山上的抗日解放军哨兵发现国民党阳春保警已占据了七星岭主峰的制高点，情况十分危急。为了攻克制高点，谢立全当机立断，命令训练有素的李德胜中队进行反击。在当地向导潘一的引领下，李德胜中队从东面沿着稔子坪、长坦坑直到海拔近400米的七星岭半山腰后，兵分东、西两路绕道向国民党保警靠近，勇猛强攻制高点，把陈启钊的保警和自卫大队人员击退。此次战斗，毙伤国民党军10多人。在激烈的战斗中，李德胜勇猛杀敌，和几位战友分别冲到了离山顶敌人近60米左右。敌人发现了正借着大树作为掩体不断喊口令指挥战斗的李德胜，立即集中火力向李德胜方向射击。李德胜即命掷弹筒①手向敌阵地发射榴弹，同时，为掩护战友从侧面抢攻，他故意大声呼喊，吸引敌人的注意，令敌方误以为我方准备从东面树林中冲锋，为战友们赢得了抢占制高点的最佳时机。李德胜却不幸胸部中弹，英勇牺牲在七星岭上。年仅35岁的他，为革命献出了年轻而宝贵的生命。

五

七星岭战斗的胜利，威震阳春，广东人民抗日解放军被先农乡的老百姓称为"神兵"。这场战斗在军事上，巧妙地运用山地战法，从被动转为主动，击溃国民党自卫队顽固派；在政治上，彰显了共产党人依靠人民群众具有无穷的威力。七星岭战斗的枪声，唤醒了漠阳大地的人民群众：只有拿起枪杆子，团结在中国共产党的周围，才能从黑暗的旧社会走向光明的未来。

2022年3月

---

① 掷弹筒发射榴弹，其用途类似最简单的迫击炮。

浩然壮志锻造人生

——记刘田夫同志

苏 卫

一

原广东省省长刘
田夫同志
（照片摄于 1981 年）

刘田夫（1908—2002），四川广安人。1934 年，在土地革命战争时期，中国革命处于低潮、白色恐怖十分严重的关头，他勇于追求真理，毅然走上革命道路。

1939 年 5 月，刘田夫同志受党中央委派，转到广东地方工作。从此，开始了长达七年之久的创建革命根据地生涯。在错综复杂的恶劣环境中，他从未放弃革命理想信念，坚持奋斗。他为广东西江地区和中区地区党组织的巩固和发展，为中山五桂山抗日游击根据地、为广东人民抗日游击队中区纵队和广东人民抗日解放军等人民武装的创建与发展壮大，作出了积极的贡献。

1944 年 10 月 1 日，刘田夫同志参加了南海、番禺、中山、顺

57

德游击区在中山五桂山区古氏宗祠召开的珠江地区游击干部和中山地方党组织负责人大会。会议为组织部队迅速挺进粤中，宣布成立广东人民抗日游击队中区纵队，使粤中地区的抗日武装斗争进入一个新的发展阶段。11 月 11 日，中共广东省临时工作委员会和东江军政委员会举行联席会议，决定在珠江地区建立珠江纵队；在粤中地区另成立军分委，用广东人民抗日解放军名义树立旗帜。1945 年 1 月 20 日，《广东人民抗日解放军成立通电》公开发表，广东人民抗日解放军宣告成立。29 日，广东人民抗日解放军在鹤山县宅梧召开成立大会，梁鸿钧任司令员，罗范群任政治委员，谢立全任副司令员兼参谋长，刘田夫任政治部主任，下辖第一团、第二团、第三团、第四团。

二

1945 年 2 月 21 日，从高明老香山根据地出发的广东人民抗日解放军司令部、政治部率部队 400 余人西进，拟奔袭新兴的顽军。得知国民党军已经有所防备，便改变计划，转入阳春、阳江。不料，途中遭到了国民党新兴顽军的包围和追击，在蕉山村准备宿营的抗日解放军因防备不及，被国民党军打散了。在军事装备悬殊的情况下，司令员梁鸿钧等 59 位指战员英勇牺牲，刘田夫脚部受伤。部队退出战斗后，兵分两路向恩平、阳春、阳江方向进发。到达恩平县石马村，两路军会合，再转到恩平的清湾。广东人民抗日解放军司令部罗范群、谢立全、刘田夫决定，建立广东人民抗日解放军第五团。

2 月底，部队挺进与恩平交界的阳春茶园乡，击退了国民党的乡保安队，然后进行短暂的休整。在此期间，司令部决定筹建第六团，任命霍文为团长，黄昌熺（黄云）为政委。负责政治工作的罗范群、刘田夫提出要公开张贴《公告》，让六团在阳春对群众开展宣传工作。3月13日，广东人民抗日解放军经太洞（峒）、珠环进入阳江县东北部的大八乡，然后进入阳春轮溪、先农。在龙门上双的郑宏璋、陈国璋等接到交通员送来的情报，连夜赶回先农乡，向广东人民抗日解放军司令部代司令谢立全、政委罗范群、政治部主任刘田夫汇报阳春党组织筹建抗日人民武装情况和国民党方面的情况。司令部立即与黄昌熺、郑宏璋等研究夜袭阳春城方案。

三

在会议期间，刘田夫因脚伤多日，加上连续不停的奔走，身体连续好几天低烧，想叫军医过来处理，正好懂点儿医药知识的郑宏璋在场觉察到刘田夫身体不适，于是便细心询问，观察伤口之后，认为必须找地方休养，用草药清洗伤口并打消炎针处理。为了保密，郑宏璋找到了党员黄其邦（解放后改名黄乔生，曾用名黄国昌）商量。黄其邦立即连夜与军医一起将刘田夫和几个外伤的战士接到三岗山村自己的家。经过其邦的周密安排，几位战士稍有好转便分散到别的村继续治疗，仅保留警卫员黄余悦在身边（黄余悦也有轻微脚伤）。3月18日，部队与国民党保警、联防队打了一仗并取得胜利，接着成立了第六团。21日部队又与从阳江调来的国民党军队和岗尾联防队打了一仗。虽然打跑了敌人，但新成立的第六团面临相当棘手的三个问题：一是战士缺乏作战经验，武器弹药严重不足；二是补给跟不上，难以确保每天的基本粮食和临时住宿，容易引起队伍内部人心涣散；三是许多伤员是外地人，操外地口音，很容易暴露身份，要确保伤员的安全隐蔽疗养尤为重要。刘田夫所住的三

岗山村地势相对平坦，一旦走漏了风声，被国民党保警加大力度包围，问题就严重了。与此同时，谢立全、罗范群、黄云等正把主力分批向蟠扶乡山区转移，要开发新的游击区。在此情况下，困难和危险同时考验着先农乡的党组织，考验被编入六团而留下来的警卫战士。这三个问题若其中之一处理不好，先农乡的革命斗争就会受到极大影响。在这革命的关键时刻，刘田夫同志为了六团的生存，向司令部和六团黄昌熺、郑宏璋提出了非常重要的意见。

四

刘田夫凭借着个人十多年的革命斗争经历，从大局出发，冷静地面对革命紧要关头遇到的问题。他与黄昌熺、郑宏璋秘密商谈，提出了多方面主动出击的应对策略：一是无武器就主动出击，由警卫连作为主力，向国民党小股武装要；二是无钱无粮就控制好乡的保安队，向当地地主借粮，并声明一旦走漏风声就有借无还；三是发挥先农乡共产党员和群众积极分子的作用，三位保长（党员）利用各村堡垒户在村的亲属关系，重新控制手下的乡丁，共同应付国民党的联防队。一旦有情况，可以集体往山上转移。后来，黄昌熺、郑宏璋带领先农乡的党员及第六团的战士完全按此方略操作，并坚决执行谢立全代司令员的军事总指挥命令：一是由黄昌熺带领严仕铭的金星队保护司令部到蟠龙，开发新的游击区，并寻找新的战斗目标。不久便选择攻打春湾，在春湾攻打国民党镇政府和银行、税所，取得了战斗胜利；而郑宏璋和代参谋郭大同等带领一连挺进漠南，组建第二连。接着计划攻打驻岗尾的六区区置，攻打粮仓，解决粮食问题。在攻打六区区置过程中，事前派出陈功和警卫员梁源、李培等去侦察，此仗效果很好，既解决了粮食问题，又通过党员积极分子把地方的群众调动了起来。二是为解决部队和伤员的长期供给，由"白皮红心"的保长带领乡丁到地主家做担保借粮。三是积极发展党员、堡垒户。结果，先农乡大部分村落都可以安排广东人民抗日解放军安全入住。如沙田垌、鹤垌、围仔、长寨、三岗山、善田、鸭寮岗、沙塘岗、山口、板桥岭、龙塘、那魁、平山坡等村，只要当地交通员接到情况，就能迅速到各村与堡垒户安排好。直到新中国成立，不管国民党怎样派人下村"清剿"，从来没有在村中找出游击队员。这完全是堡垒户与村民默契和奉献的结果，也说明抗日解放军与当地群众关系十分融洽。曾经有这样一段小故事，在先农乡老百姓中一直流传：当年刘田夫住在三岗山村养伤，黄昌琏才一岁（现还健在），刘田夫时常会抱着他玩（上一辈老人告诉他）。当年刘田夫养伤是由黄其邦的母亲陈日生专门护理，黄其邦的爱人李云英重点护理其他伤员的食宿。刘田夫白天没情况就在门口晒太阳，晚上就睡在小柴房里，柴房可通往屋后背山。

五

刘田夫在先农乡三岗山养伤一个多月基本痊愈时，很想亲自到其他农民家庭中走走，了解实际情况。但当时的形势不允许他那样做，毕竟三岗山和附近的村庄不是中共完全控制的地区，在当时的革命斗争形势下，他不能随便暴露自己的身份。

1945年5月初，六团政委郑宏璋选了个好时机，第一次带队护送刘田夫出远门。他率领警卫战士，巧妙地绕过岗尾乡，往河口方向行进。在路过大塘、木头坡、肖背迳、鹤寨等村时，郑宏璋、黄其邦等干部认真地向刘田夫讨教。每当到一个新地方时，刘田夫就会教他们如何去接近老百姓；如何宣传自己的队伍；如何发展自己的队伍；如何巩固堡垒户；如何建立交通站；如何应对地方的恶势力；以及如何处理解决部队的供给等，使他们受益良多。

中共发明的独有的"流动式"课堂，刘田夫把握得活灵活现。郑宏璋、黄其邦等干部犹如醍醐灌顶，进一步明白共产党为什么要抗日，无论多艰苦，也要树立党和人民的根本利益高于一切的思想不能动摇。在刘田夫、郑宏璋、黄其邦等干部带领下的第六团部分战士活学活用，边走边工作，所到之处，建立了交通站，让当地群众对共产党和抗日解放军有了更深切的认识。在刘田夫的启发下，大塘、肖背迳（老虎坳）等村有不少青年参加了六团，走上革命道路。

六

1946 年 6 月 30 日，刘田夫同志与曾生等同志率领的东江纵队主力北撤山东。1947 年 8 月至 1949 年初，在第三野战军军司令部的指挥下，他和曾生等同志率两广纵队参加了华东战场的豫东、济南和淮海等重要战役，出色地完成了作战任务。1949 年 9 月，他又随两广纵队南下，参加了解放广东战役，发挥了很大的作用。

1949 年 10 月，新中国建立后，刘田夫先后主持南路地委和粤西区党委的工作。他领导当地人民大力支援解放海南岛战役，并领导完成了军事接管、巩固政权、清匪反霸、土地改革、渔区民主改革和农业合作化等多项任务。从 1956 年起，他长期分管和主持广东省的经济工作，对广东的发展作出了重要的贡献。

党的十一届三中全会以后，刘田夫同志与其他省委负责人一起，领导全省人民完成拨乱反正、平反冤假错案、落实各项政策工作，增强了党和人民的团结，调动各方面的积极性，为实现党的工作重点转移，齐心协力进行现代化建设，创造了有利条件。

1977 年 9 月，刘田夫同志任中共广东省委书记（当时设有第一书记），广东省副省长，1981 年担任广东省省长。

刘田夫 95 岁高龄时，仍不忘阳春人民，在他生命的最后 20 多天里，由邓泰威陪伴，抱病为重建的阳春先农乡党支部旧址题词，以红色革命史教育后人。他更没有忘记年轻时曾在阳春先农乡三岗山养伤时村民黄阿妈（陈日生）对他的辛劳付出，一直记挂和关心着黄阿妈的后人成长。他一生为革命无私地奋斗，向人民交出了一份珍贵的答卷。

2022 年 4 月

洒热血为革命

——记革命前辈郑宏璋

苏卫　　黄巧云　　梁竹

一、树立爱国情怀

在阳春先农乡有一条自然古村——白坟村，这是革命前辈郑宏璋的出生地。资料记载，清乾隆三年（1738年），郑家先祖从河南郑州迁至广东恩平，次年从恩平迁往此地。

1969年，郑宏璋遵父辈意愿，翻修了故居，房屋的规格结构是一座南方典型四合院，内有五间瓦平房，正中间开大门，两边小屋开小门。在这座普通的农家院里，当年就有三人投身到革命洪流之中，分别是郑宏璋（排行第二）、郑宏湘（排行第三）、郑雄，三人是叔侄关系。

有关资料记载，当年郑家的劳动力多，租种了阳春城洗马街财主曾佩周的田地，曾家的收租人到

郑宏璋同志（左）与朱尚绚同志（右）
在岗尾镇政府门前留影
（照片由陈立提供，摄于1981年1月）

先农各村向佃户收租时，以白坟村郑家为落脚点。郑宏璋生于1911年，曾佩周非常喜欢他，经郑家人同意，郑宏璋认曾佩周为"契爷"，于是郑宏璋有机会在春城读小学和中学。

1931年，郑宏璋20岁时考入了广东省立第一职业学校土木工程科读书。九一八事变发生后，日军侵占我国东北三省，国民党政府采取不抵抗政策，引起该校师生们的强烈不满，郑宏璋和同学们义愤填膺，他开始思考国家为什么会被日本侵略的问题。自那时候起，郑宏璋觉得有一种无形的责任在鞭策自己，抗日爱国之情油然而生。他开始主动接触思想进步的邝任生、邝友直、单容沛同学，经常一起阅读一些进步文章，有意识寻找共产党抗日组织。

二、寻找革命组织

1931年9月，中共广东军委书记李硕勋被国民党特务逮捕并杀害，广东的党组织停止了一切活动，郑宏璋等四人不顾个人安危，利用课余时间为"工人运动小组"印发抗日传单。1934年春，他们又以"广州工人运动委员会"的名义编印传单秘密散发。有一天，单容沛在宿舍内油印传单时，被对面楼的人隔窗看见并报警。单容沛不幸被捕，郑宏璋和其他二人逃脱。

1934年，郑宏璋离开学校后，到东莞县当教师，同年3月他返回家乡，先后在阳江县上洋小学、阳春县第一区第一小学、岗尾乡思与小学等学校任教师。

1937年秋郑宏璋为《阳春日报》撰稿和兼职编辑。

1937年秋，郑宏璋在先农乡中心小学任教师，1938年2月，调到屯堡分校任教师，1939年任分校校长。在此期间，他常以《阳春日报》撰稿人身份到春城，接触青年群阳春分社（进步组织）的刘文昭、柯世梯、林举铨、黄云、李华等人。同时，他在先农乡屯堡分校邀约5名青年最先秘密创办了"读书会"，后发展到9人，读书会学习马列主义理论，讨论抗日战争时事形势，抨击国民党当权政要消极抗战。郑宏璋深受各位成员的敬重，并相约共同寻找共产党组织。

1939年7月，朱尚绚到春城参加老师暑期训练班，受郑宏璋委托找青年群阳春分社的柯世梯、林举铨等交流，谈话间顺便说了读书会的情形，想通过他们寻找更多的具有进步思想的内部书籍，得到柯世梯、林举铨、黄云等人认同。在训练班期间，柯世梯、林举铨介绍朱尚绚加入了中国共产党。8月，林举铨介绍郑宏璋加入了中国共产党。9月，读书会的其余三人周道庄（后脱党）、邓泰升、李学汪也加入了中国共产党。

三、大力发展农村党员

1940年2月，中共两阳工委在阳江笏朝朗仔村召开第二次扩大会议。为应对国民党顽固派掀起的第一次反共高潮的复杂局面，决定把领导机关转移到农村，在农村扎根，增强战斗力，在抗战过程中逐步起决定作用。同月，中共两阳工委调整阳春特支领导成员，陈奇略继续兼任特支书记，支委为刘文昭、黄云、郑宏璋、陈国璋。陈奇略因事不到任，由林克代理书记。林克在先农乡屯堡小学（校址在长寨陈氏宗祠）当教员，特支机关设在屯堡小学。

郑宏璋担任中共阳春特别支部委员后，受组织委托与周道庄在先农乡中心小学秘密举办建党学习班。他物色的第一批建党对象是围仔村农民周道桓，沙田垌村农民邓水生、邓伙来，岗尾乡农民李宗檄等。2月11日（农历正月初四），他们组织这几个人以担叶籺^①探亲为名来到先农乡中心小学校门前，见四下无人就进入学校，关上大门。在学校里面秘密进行了为时3天的政治学习后，这几个人填表宣誓加入中国共产党。之后，岗尾李学汪、李宗檄发展一起前来旁听的好友李宗望加入中国共产党。3月，中共阳春特支在先农乡中心小学建立阳春第一个农村党支部——中共先农乡支部，书记为周道庄。同时建立岗尾党小组。

1940年至1941年，先农乡党支部发展中心小学工人韦克，三岗山村青年学生黄其邦（曾用名黄国昌，解放后改名为黄乔生），围仔村农民周金庆、周道谋，长寨村农民陈孔受、陈孔扬等加入中国共产党；在岗尾乡发展农民李宗浪、陈朝燊加入中国共产党。1941年秋，陈庚（陈绳宪）初中毕业，被安排到先农乡中心小学工作。

四、巧妙筹集经费

1939年底，为方便党组织活动，郑宏璋在龙塘山坡觅址新建屯堡分校，与黄云、邓泰升、邓水生、邓伙来等策划筹款建新校舍。为加快校舍的基建速度，郑宏璋千方百计多方面筹集经费。他说服家人，把自家筹备建屋的材料先借给学校。为节省经费，他运用所学的土木工程专业知识，亲自设计学校正门的立面和整体布局。借此机会，陈奇略安排阳江城岗背村的共产党员关永同志为承行（承包商），召集工人建校舍，关永还以"承行"泥水接工为名来往于阳江、阳春两县做交通联络工作。

1941年3月3日，日军约三百余人入侵阳江城。原本驻守两阳、

---

① 叶籺，也叫叶粑，是民间一种小食。

恩平、新兴一带的国民党正规军 158、154 师得知消息后，不但不抵抗，反而立即撤到肇庆、云浮、新兴等地方，阳江、阳春两县的政府和政警大队主要官员也逃离岗位，基本只剩下两座空城。在此期间，中共两阳特派员计划组织两阳武装队伍，对敌进行坚决打击。同日，中共阳春分委召开会议，决定以郑宏璋在先农乡公所的第五、第六、第七保掌握的 30 人枪，组织成立抗日人民武装队伍；在日军侵入阳春时，黄云负责往东山蟠龙建立抗日根据地，郑宏璋负责往西山建立抗日根据地。后来因日本军几天后撤离了阳江城，没有进入阳春，此对抗性计划取消了，但筹集经费工作继续加强。

1942 年春，屯堡分校搬迁到龙塘山坡新址开学后，郑宏璋把"大众药物供应社"设在新校舍横屋，下课后到药店内为农民把脉开处方，晚上下村"出诊"联系党员和积极分子，深受群众爱戴，不少家庭后来成为忠诚于共产党的堡垒户。与此同时，先农乡党支部发展板桥岭村青年农民陈朝积（后来成为烈士）加入了中国共产党。1942 年秋，郑宏璋把陈庚从先农乡中心小学转到屯堡小学工作，切实加强中共阳春分委活动经费的筹集和管理。

1942 年 8 月，因中共粤北省委被敌人破坏，上级组织通知阳春分委停止党组织活动，只保留郑宏璋负责单线联系全县的党员。此时，郑宏璋在屯堡小学的筹款工作没有停止。1943 年下半年，中共广东中区特派员调谢鸿照夫妇到先农乡中心小学以任教师为掩护，由郑宏璋配合谢鸿照筹建阳春抗日武装力量。

五、筹建武装队伍

1944 年 7 月，中共广东中区特派员根据形势的发展和筹备武装斗争的需要，任命谢鸿照为中共两阳党组织指导员，负责逐步恢复中共两阳党组织生活和筹备建立两阳人民武装抗日游击队。11月，中共阳春党组织根据上级要求，抽调小学教师罗杰、陈华森和轮溪乡副乡长朱尚绚到先农屯堡小学，协助谢鸿照筹备武装起义。郑宏璋与先农邓泰升、周道庄、黄其邦等联系，控制壮丁40人枪，串联周道泽（周景光）、邓泰威、陈功（陈昌寿）、郑宏湘、郑雄等人准备参加武装起义，安排邓水生、周道桓长期隐蔽建立联络站。朱尚绚在轮溪乡发动朱存、朱尚普、朱秋等10多名积极分子，准备参加武装起义。陈华森、严仕铭在蟠龙发动积极分子欧圣聪、钟景宏、梁传队、严士浓、严仕郁、陈道剑、李胜光、岑伙生、顾德才、张致钿等18人，准备参加武装起义。为筹建漠东抗日游击大队，郑宏璋向谢鸿照推荐蟠扶乡田寮村舞狮班主、武术教头黄选盛担任军事负责人。

谢鸿照带助手罗杰在黄选盛家住了3天，对选盛结交三县山区绿林豪客和掌握的枪支弹药，以及达70人队伍的构成情况进行充分了解，并听取黄选盛关于发动捷轮乡、大八乡起义人员前期准备情况的汇报，还据黄选盛口述绘制漠东山区三县边界军事地形图。谢鸿照认为条件可行，拟择时机向中共广东中区党组织和武装部队领导汇报。

经历了数年曲折、秘密的抗日武装筹备工作，经过几个月的武装人员艰苦训练，于1945年2月19日晚，中共两阳党组织派出代表陈国璋、罗杰、廖正纪、黄选盛等10多人为主办方，广东人民抗日解放军派出台山部队梁文华等2位同志为代表，与中共恩平清湾、莨底等地的代表参加在黄选盛家中召开的会议。会议推举了黄选盛为阳春县抗日游击大队军事负责人，陈国璋为政治负责人，廖正纪担任秘书。

由于组建武装力量的过程中发生意外，黄选盛被捕后，谢鸿照、郑宏璋、陈国璋、罗杰、朱尚绚等迅速分散撤离先农乡，转移到阳江县冲口。谢鸿照在冲口八元堂召开会议，宣布成立两阳武装筹备领导小组，谢鸿照任组长，郑宏璋、陈国璋任副组长；成立党支部，谢鸿照任书记。谢鸿照等人继续积聚党的抗日武装力量。

六、参加组建第六团

1945年3月13日，广东人民抗日解放军司令部在代司令员谢立全、政委罗范群、政治部主任刘田夫的率领下，从太洞（垌）、珠环、大八进入阳春轮溪乡（现称轮水村），然后抵达先农乡各村驻扎。郑宏璋接到交通员的情报，得知久别的黄云引回一支人民抗日解放军（部队）进入先农乡，心里无比高兴，连夜从河口龙门返回先农乡，向抗日解放军领导汇报两阳党组织筹建抗日人民武装情况和国民党方面情况。

根据地下党的情报，国民党顽固派158师驻扎在百里外的新兴县，阳春县城只有一个自卫中队，于是司令部决定3月16日夜袭阳春城。一方面压制敌人威风，另一方面争取为部队提供足够生活补充，为伤员提供必要的药品治伤。但因国民党当地政府早有防备，加强了警戒。16日晚，抗日解放军尖兵部队在雷塘村东的大路上与国民党班哨相遇，抗日解放军的向导、先农乡农民韦越被俘（后被枪杀），夜袭计划暴露。此次军事行动宣告取消。

在此期间，郑宏璋重点与黄其邦等人商量如何护理在三岗山村黄其邦家治伤的刘田夫及几位受伤的战士。

17日夜，国民党政府陈启钊集结县自卫大队与合水（二区）、春湾（三区）、潭水（五区）的联防中队及一部分乡自卫队共300余人，由北向南抢占七星岭制高点，企图袭击抗日解放军；又派人到阳江县城向两阳挺进第二大队许以重金请兵开到阳春县岗尾圩，会集六区联防队（驻岗尾圩）、乡自卫队由南向北夹击抗日解放军。

3月18日凌晨，驻扎在沙田峒村司令部的哨兵发现国民党军已占据七星岭一带的制高点，抗日解放军在谢立全的亲自指挥下，命令训练有素的李德胜中队勇猛强攻制高点，把陈启钊自卫大队击退，取得战斗胜利。

3月18日下午，司令部趁七星岭战斗在当地群众中形成的政治影响，广东人民抗日解放军司令部在先农乡沙塘岗村正式宣布成立"广东人民抗日解放军第六团"。司令部任命黄云为团长，郑宏璋为团政委，陈国璋为政治处主任。司令部从雄狮队及一团抽调一批军政干部和一个机枪班、一个步兵班有战斗经历的老战士作骨干，加上来自两阳参军的新战士，在先农乡沙塘岗、龙塘等村集结，编成六团两个连。第一连连长，陈超，另一连称为团直属队（警卫连），连长，严仕铭。司令部派参谋室代主任郭大同为六团军事指挥，梁文坚任六团政工队队长。

3月下旬，司令部派郭大同和郑宏璋率领六团第一连挺进漠南山区，与陈国璋、梁文坚在阳江县织簧、冲口、旧仓、桐油等地秘密组织起来的30人会合，并吸收农民积极分子参队，组成了六团第二连，连长为陈良，副连长为陈朝波，指导员为姚立尹，宣传队队长为梁文坚。其时，遭遇了敌人的追袭，郑宏璋率部队转入八甲仙家洞，突破国民党军包围后再回到漠东山区休整。

4月下旬，六团第一、第二连在先农乡靠近岗尾乡的多个村庄集结，经侦察到岗尾圩第六区署只有一个联防中队和岗尾乡自卫队，共约50人，兵力不多。4月28日，郭大同和郑宏璋率两个连队100

多人，从先农乡板桥岭出发，突袭了岗尾圩国民党第六区署，打开凉水井谷仓大锁，调动事前已经安排好的先农鸭寮岗村民前来运谷，还将1000多担粮食分给附近群众度过饥荒，同时也有效解决了部队一个时期的粮食供给问题。

与此同时，郑宏璋等人已经护送刚伤愈的刘田夫前往河口，途经大塘、木头坡、肖背迳（老虎坳）、鹤寨等村时，刘田夫因势利导教他们如何去接近老百姓；如何宣传、发展自己的队伍；如何巩固堡垒户；如何建立交通站；如何应对地方的恶势力；如何处理解决部队的供给等。刘田夫在革命战争年代的"流动式"授课办法，让郑宏璋等人受益匪浅。

7月，广东人民抗日解放军司令部以六团原有的第二、第三两个连为基础，扩编组建独立团，团长为黎明，副团长为李龙英，郑宏璋担任政委，率部队再次进入漠南地区和阳江西部活动。

七、奉命北撤

1945年9月，郑宏璋被调往台山县大隆洞山区，任中共台山县委组织部部长。1946年4月，奉命赴香港准备北撤，6月30日随东江纵队北撤至山东省烟台市。

白坟村健在的老村民回忆：在郑宏璋离开家乡后，国民党阳春政府曾多次派兵到白坟村搜捕他们几位叔侄兄弟，因没有抓到，恼怒的敌人就将郑家房顶的瓦片悉数砸烂。后来有一次将屋正面墙南角挖了一个洞，还逼本村群众取来柴草，放火烧房子，好在点着火不久，天突然下起了大雨将火浇灭了，房子才免遭损毁。

郑宏璋自从参加革命，尤其是离开先农屯堡小学入编部队后，极少回家，即使部队驻扎在家乡附近村庄，郑宏璋也没法抽空回家看一眼日思夜想、为自己牵肠挂肚的父母。郑家有三位兄弟也先后走上了革命道路，只留长兄郑宏钦在家负责照料家人，部队分散隐蔽时期，郑家长兄一直秘密守护着家里床底下埋藏着的一门六〇炮，后经邓泰威（北撤前）亲自去挖出来交给部队使用。部队因缺少粮食，经常向郑家长兄借。虽然后来因郑宏璋北撤，郑家整个家庭被国民党黑恶势力强行没收财产抵罚金，但郑宏璋的"契爷"——春城洗马街财主曾佩周仍暗中支持郑家长兄继续为武工队提供粮食。

1946年12月，郑宏璋在冀鲁豫中央局土改工作团任组长；1947年1月到中共中央华东局党校学习；1948年9月转到中共中央华北局党校学习，任组长；同年10月至1951年11月，在中央马列学院学习，任组长；毕业后任中央马列学院第一分院教研室副主任，1961年1月提为主任（正教授）。

八、忠心为党爱人民

"文革"时期，郑宏璋受到较大冲击，但他始终保持住一个共产党员的凛然正气。

1978年8月，郑宏璋复出，任中共中央党校科学社会主义教研室主任、教授。1980年5月，他南下广州，邀集老战友多人同返故乡，6月10日在阳春县城机关干部大会上做了重要讲话，指出阳春在土改运动中有偏差（忽视

郑宏璋到七星慰问时，与烈士家属亲切握手（照片由陈立提供，摄于1981年）

73

郑宏璋与家人合影，左起：大姐、郑宏璋、侄儿、女儿（照片由陈立提供，1981年摄于岗尾公社革委会所在地）

了革命家庭元素），伤害了一批地方干部；"文革"时期，许多老干部受到错误处理，导致很多老干部生活无着，对此，郑宏璋嘱咐阳春县委，迅速贯彻中共十一届三中全会精神，切实做好平反冤假错案，落实各项政策工作。1981年春节后，郑宏璋第二次南返家乡（笔者苏卫曾随父亲苏同参加陪同），在参加阳春党史座谈会上，他口述了阳春革命斗争史，敢于为老同志的革命历史承担责任，进一步推动了落实老干部政策。1982年12月郑宏璋退居二线，任顾问、研究员。

1983年10月20日9时，郑宏璋因病逝于北京，终年73岁。中共中央党校在八宝山革命公墓为其召开追悼大会，中共中央政治局委员、中央党校校长王震主持了追悼会，并致悼词称："郑宏璋同志是中国共产党优秀党员，忠诚的党的理论教育工作者。"

按照郑宏璋同志的生前意愿，他的骨灰一半撒于卢沟桥下，一半于1985年3月18日广东人民抗日解放军第六团成立四十周年纪念大会之时，被护送返回家乡七星白坟村，让他魂归故里。

2022年10月

革命伉俪——邓泰升与吴洁芳

邓　月　　吴其焕

邓泰升转业回阳春时的工作照片（摄于1954年）

一、年少胸怀壮志

邓泰升，曾用名邓临安，小名广祥，1911年出生于先农乡（今春城七星）沙田垌村一户普通农民家庭。邓家是个人丁兴旺的大家庭，泰升的父亲有6个兄弟1个妹妹，兄弟一直没有分家。泰升的母亲是一户有钱人家的独生女，带着不菲的嫁妆与泰升的父亲结婚，使这个家族逐渐兴旺起来。邓泰升出生后，其父母、叔伯、兄弟认为他很有祥气，故为他取名广祥。他的战友黄云、郑宏璋等同志亲切地叫他祥哥，后来很多人都称呼邓泰升为祥哥。

1919年秋，邓泰升读私塾学校时，老师认为他朝气阳光，便按泰字辈给他起了个书名叫邓泰升，意为瑞气渐升。从1919年至1929年，邓泰升一边读私塾，一边帮家里照顾弟妹、放牛、干农活。私塾老师家访时，常夸赞他是个有出息能做大事的人。

转眼间，邓泰升已经成年了，家里便开始为他张罗娶亲成家。1929年秋的一天，媒人把年仅17岁的吴洁芳介绍给泰升。吴洁芳

75

是岗美埠滘一户贫苦农家的长女，家有7个妹妹1个弟弟。封建时代的婚姻大多是盲婚，英俊的邓泰升只好听从父母之命、媒妁之言，答应与瘦弱夭细的吴洁芳完婚。为了实现远大抱负，邓泰升婚后没有放弃学业，选择到阳春县城读书。从此，这对夫妻走上了聚少离多、风雨兼程的人生之路。

二、与志同道合者结伴

1932年，邓泰升到阳春县立师范学校读书，1935年毕业后回到了先农乡下瑶小学任教。其间，他与在外任教师的老乡郑宏璋在假期多次相约见面，相谈十分投缘。为了能经常在一起，他们主动向时任校长的周道庄申请调入先农乡中心小学。1937年秋，两人先后回到了中心小学任教师。其间，他们经常一起下村家访，郑宏璋经常利用这个机会讲些外面的抗日情况，激发了泰升的爱国热情。1938年2月，郑宏璋调到离先农乡中心小学不远的屯堡分校任教，郑宏璋利用课余时间秘密地召集朱尚绚、邓泰升、周道庄、李学汪等人组成"读书会"，经常讨论当前抗日形势，翻阅一些进步书籍，抨击国民党当局的消极抗战。邓泰升也讲述自己在师范学校时，曾私底下阅读过手抄本《共产党宣言》的部分内容，引起大家在思想上的共鸣，并相约共同寻找共产党组织。

1939年7月，朱尚绚到春城参加教师暑期训练班，其间，朱尚绚受郑宏璋委托找好友柯世梯、林举铨等见面。在交谈中，柯世梯、林举铨等认为朱尚绚是郑宏璋读书会成员，他们很了解共产党为什么要进行抗日革命斗争，现在正需要加紧发展他们成为中共党员。经过组织研究同意，朱尚绚在学习班期间便加入了中国共产党。8月，林举铨介绍郑宏璋加入中国共产党。9月，曾昭常、周道庄、邓泰升、李学汪加入中国共产党。

邓泰升的堂弟邓泰威在讲述当年的革命斗争史时曾说："泰升哥自从认识共产党人后，非常佩服郑宏璋的马列主义理论水平，并积极配合郑宏璋，更加忘我地为党工作，主动发展中心小学的老师和工勤人员加入中国共产党。"邓泰升除了自己以身作则做好革命工作之外，还积极向郑宏璋推荐自己的兄弟和亲房参加革命，如堂叔邓水生、堂弟邓泰威、邓泰坚、邓泰彬、堂侄邓宏岳等。他利用星期天和寒假时间与邓水生、周道桓、周道庄、邓伙来、黄其邦等多人到龙塘山坡上的屯堡小学新校址参与郑宏璋校长的规划及其新校址的砍树和平整土地等事情，目的是争取更多的相互沟通机会（实际是接受郑宏璋的考察和领悟探讨先农未来的方向）。由于邓泰升一心扑在革命工作上，对自己的家庭及已进入学龄的两个小孩都无暇顾及，家庭责任全都落在瘦弱的吴洁芳身上。

三、立志为党夫妇同心

邓泰升入党以后，除了认真从事教学工作之外，更牢记自己的使命，全身心地投入党的工作中去。在家里，他常对不识字的妻子讲述抗日爱国的情怀，希望得到妻子的理解和支持，吴洁芳虽然没有文化，但对丈夫的话，她始终铭记于心，从未向泰升诉说自己在家带孩子干农活的苦和累。

1940年2月，中共两阳工委会议决定，把党的工作重点转移到农村，以积蓄力量，增强战斗力。经过全面考察，决定把先农乡中心小学作为掩护场所，把阳春特支机关秘密地设在先农乡的长寨村陈氏宗祠（屯堡小学）。3月，中共阳春特支在先农乡中心小学建立阳春第一个农村党支部——中共先农乡支部。8月，中共阳春分委

调黄昌熙到先农乡中心小学任教，担任中共先农乡支部书记，邓泰升、邓水生、周道庄为支部委员。从此以后，邓泰升常配合黄昌熙下乡家访，与学生家长接触，积极物色入党对象，每天工作到很晚才回到家。在中共分委成员和支部成员的共同努力下，当时先农乡群众的爱国抗日思想觉悟已经有了很大提高。

吴洁芳默默支持丈夫的革命事业，平时若有中共地下党的同志到家里来开会，吴洁芳都会为他们站岗放哨。当这些同志在家休息时，她把自己的大床让给女同志休息，自己则睡在柴草堆上，并为他们望风放哨。

1942年秋的一个晚上，秋雨下个不停，还带着寒意，村里人早早关门睡觉了。陈奇略等领导为了与邓泰升研究调整工作的事，特意去到沙田垌村泰升家里，吴洁芳对上暗号后开门，待陈奇略、黄昌熙、郑宏璋、陈国璋、梁文坚等人进屋后，她连忙拿起扫把出门，若无其事地装作打扫门前的积水，为他们望风放哨。这次领导们的到来，是因为国民党先农乡空缺了第六保保长，为了保护一方平安，决定派党内的人去任此职。这项"白皮红心"的工作很重要，要绝对保密，如处理不好，不但自己会人头落地，而且会连累到家人。郑宏璋提出让邓泰升出任此职，理由有三：一是泰升入党以来革命意志坚定，抗日思想觉悟高；二是泰升工作严谨，有教学经验，能教育感化手下为我所用；三是泰升是本地人，知名度高，对本乡的情况熟悉。郑宏璋的建议得到大家一致拥护。起初邓泰升的思想有抵触，不愿接受，他认为自己参加中国共产党是为革命而工作的，现在却要去为国民党办事，更担心的是其他同志不理解。郑宏璋对他说："你以灰色的政治面目兼任此职，目的是掌握这六保的权力，首先是掌握了保内的武装，我们有了枪就有办法去对付敌人。如果阳春沦陷了，国民党军队不作抵抗，我们还可以带领这些人上山打游击。"郑宏璋又说："我们自己人掌握起这第六保的权力，还能更好地保护党组织的活动，对我们的工作很有利。如果被他人担任了这个保长，不但对我们无益，而且会让我们处处受阻。"

听了郑宏璋的一席话，邓泰升的心豁然开朗，当即表示：既然党组织对我这么信任和支持，我愿意接受这项特殊的任务。从此以后，邓泰升更加懂得党的工作就是要服从命令，作为一名合格的共产党员要为党的利益不惜牺牲自己一切。

四、将孤儿培养成革命同志

1943 年的一天，太阳快要下山了，天渐渐黑下来，邓泰升还在先农乡中心小学的教室里忙碌着，忽然有个小脑袋探了进来，随即就倚在门口。邓泰升见这个大约七八岁左右、衣衫褴褛、脏兮兮的小男孩，不像学校里的学生，一问得知他是跟随母亲和长兄从台山"走日本仔"，一路流浪来到阳春的，后来跟他家人走散了，成为流浪孤儿，几乎两天没吃东西，实在太可怜。泰升立即在学校找来些吃的，然后把他抱到一块旧黑板上，让他先睡在那里。

批改完作业后，泰升把这个小男孩背回家。妻子不解地问他："你怎么弄了个脏孩子回来？"泰升说："他是个流浪儿，可能是饿得不行了，你快煮点饭给他吃吧。"吴洁芳连忙煮好热腾腾的饭菜，让这个流浪儿吃饱了，又把他清洗干净，把儿子的衣服给他穿上，看着眼前的这个小孩，泰升非常同情，很想收留他。吴洁芳看出丈夫的用意，鉴于家庭的状况，她便出了一个主意："我们已有几个儿女了，并且孩子还小，怕照顾不好，可否为他找个好人家寄养，可能会更好一些。村里有个叫'安五叔'的，他家生了几个孩子都是女儿，他们总想有个儿子，让这个流浪儿去做他的儿子，岂不是两全其美？"于是夫妻俩就带着这个流浪儿去到吴安的家，"安五叔"见后，很乐意收养，并为流浪儿起了个名字叫吴来有。

自从有了新家，来有变得懂事了，里里外外什么活儿他都抢着干，也经常到邓泰升家帮吴洁芳放牛。由于他为人勤快，村里的人都喜欢他。后来当吴来有的年纪稍大时，他想去寻找自己的母亲、哥哥及小弟，经常多天不回家，而吴安对来有也很少过问了，随他自由出入。因家中生活又出现了一些意外，更是顾不了小来有。在吴来有独自成长过程中，被本村的中共地下党员邓泰坚经常叫他帮忙，做些他力所能及的工作。

在解放战争时期，吴来有经陈洪（先农支部书记）、邓泰坚推荐，安排他跟随邓水生、周道桓一起，熟悉地下通讯工作，1948年底跟随苏同成为正式的交通员。解放后，吴来有建立了一个幸福的家庭。如今他已经86岁高龄。

五、参与抗日工作

1943年底的一天，邓泰升突然带了一个叫陈明的人回家，对吴洁芳说："这是我们的干儿子。"吴洁芳不理解丈夫的做法，说"我们已有几个儿女了，为什么还要认干儿子呢？"邓泰升悄悄地对她说："他是我们的同志，为了配合我的工作，认我做义父是方便进出本村，防止亲国民党的线人怀疑。"吴洁芳听后明白了丈夫的意思，立即认下这个"义子"。从此之后，陈明经常以义子的身份和陈庚（在屯堡小学工作）、邓泰威、黄其邦等来邓泰升家里，以帮做家务作掩护，把香港寄回的宣传抗日资料分派到春城刘义兴杂货店或学校。并根据郑宏璋的意见，把工作重点放在与农户接触上；对各保人员（乡丁、保丁）进行统战，发挥保丁暗里保护好先农乡党员下村活动的安全。

邓泰威后来回忆：1944年，邓泰升、周道庄、黄其邦等控制壮丁（保丁）40人枪，积极协助谢鸿照、郑宏璋组织的抗日武装队伍。他们与周道泽（周景光）、邓泰威、陈功（陈昌寿）、郑宏湘、郑雄等人准备参加抗日武装起义，并借假日以上山打猎为名练习枪法。

1945年3月18日，邓泰升与周道泽、邓泰威、陈功、郑宏湘、郑雄等人义无反顾地拿起枪杆子，跟随黄昌熺、郑宏璋等革命者加入了当天成立的"广东人民抗日解放军第六团"，从此他离开了先农乡中心小学。

六、妻儿无辜遭迫害

广东人民抗日解放军在先农沙塘岗成立了第六团后，先农乡中心小学和屯堡小学不少老师参加了解放军，3月21日，邓泰升和周道泽、邓泰威、陈功等战友参加了犁壁坑战斗。邓泰升等人的抗日打"顽"行动，使国民党阳春政府恐惧不已，以陈启钊为县长的国民党当局，发出悬赏通缉令，捉拿抗日解放军六团阳春籍指战员。悬赏价为：黄昌熺10万，郑宏璋、朱尚绚各5万，陈明、游泳芝（关尤励）、邓泰升、周道泽、郑宏湘、郑雄、黄其邦、陈庚、陈功、严仕铭、鲁焰各3万……并把悬赏通告刊登在《阳春日报》上。这些赏金，全部要由被通缉者的家属支付。

1945年5月27日，国民党保警（警察和联防队）在先农乡反动乡长柯明凤、曾昭伟等人的带领下，闯进沙田垌邓泰升的家，翻箱倒柜，还封屋封田，把吴洁芳及其4岁的三儿子和刚满1岁（还未断奶）的四女儿，一同抓去关押在县城的监狱里。吴洁芳被狱警铐上了脚镣，逼其说出邓泰升的下落和其他人的去向，吴洁芳守口如瓶，不泄露半点儿秘密，遭受了严刑毒打。狱警对她一会儿用电击，一会儿用木板压在脚上（坐大杠），用大锤轮番捶打，吴洁芳痛得死去活来；狱警不给她水喝，不给饭吃，企图用严刑和饥饿的方法来折磨吴洁芳母子三人，瓦解其意志。但吴洁芳早已把自己视为共产党的一员，置生死于度外，死也不肯说出抗日游击队（解放军）的踪迹，更不肯劝丈夫邓泰升回来投降。两儿女因恐慌和饥饿整天在监狱哭闹不停，国民党狱警就残忍地把她的一双儿女虐杀了。吴洁芳哭得死去活来，同时心中充满着怒火，充满了对国民党反动派的刻骨仇恨。邓泰升得知妻子和两个年幼的儿女被国民党抓入监狱，两个孩子的名字都未来得及起，就被国民党狱警虐杀，惨死在狱中，他愤然写下豪言诗句：

> 革命英雄志气周，五湖四海可遨游。
> 埋骨何用家乡地，马列事成意愿酬。
> 忠心立志为人民，舍掉家庭当点尘。
> 何惜妻财儿女丧，唯存革命乐终身。

他用顽强的意志和博大的胸怀来面对这些不幸，敌人的残忍不但没有吓倒邓泰升，反而更加坚定了他革命的决心。

1945 年 11 月，吴洁芳通过叔伯亲房们的帮助，卖掉了家中的 3 头大水牛和几头猪，凑足 6 万元，交给国民党政府，她才得以出狱。布告上的"赏价"是 3 万元，而实际上她是被翻倍地勒索钱财。那些反动乡长说：多收取的 3 万元是作为政府捉拿邓泰升的预备奖金。

七、奉命北撤别家园

邓泰升在广东人民抗日解放军第六团负责部队后勤司务工作，部队每次行动和作战，他都需要作事前系统筹划，工作十分辛苦琐碎。革命老同志梁文坚回忆："我们部队战士行军，只要和敌人拉开了距离就可以就地躺下来休息一下，但泰升同志还要带着后勤战士去挖野菜，为我们煮粥充饥，而且要随时做好下一场战斗的准备工作。"

1946年4月，中共中区临时特委在开平三埠召开干部扩大会议，传达广东区委关于北撤的指示精神。会议决定，北撤人员以团级干部为主，还有部分是具有一定文化水平的、又已经暴露了自己身份的连排级以上骨干人员，如邓泰升、周道泽、严仕铭、关尤励（游泳芝）、邓泰威、郑宏湘、陈明等。同年5月，他们由组织安排，在自己战友们的护送之下，分批全程步行，按规划好的交通站路线接力，与粤北、粤中、粤西三地中共抗日武装部队的精英人员，前往宝安大鹏半岛会集，经过整编后，统一编入东江纵队。1946年6月30日，2583名北撤人员分乘三艘美国军舰北撤至山东烟台，开启了他们在部队的正规化兵团式作战生涯。

邓泰升在解放战争中，随部队参加了淮海战役、渡江战役，随后转战南北各战场，在枪林弹雨中浴血奋战，更加磨炼了他的坚定信念和坚强意志。他先后被编入三野十兵团、两广纵队，足迹遍及山东、胶东、渤海、河南省、福建省等地，立下了许多战功。其间，他既有战斗也有学习。从军事学院毕业后，部队领导安排他负责文职教员工作。

八、历尽磨难志不移

1945 年 11 月吴洁芳出狱后，起初不敢在家里居住，就带着长女长子住在村外的一个石洞里，石洞野草丛生，非常潮湿，一进去就会沾上满脚的"山蚂蟥"，尤其是春天，非常可怕。但为了躲避国民党联防队和乡丁（自卫队）的追捕，吴洁芳母子三人只能忍受这种非人的生活，饿了就挖些野菜或"黄狗头"充饥。后来在乡亲们的劝说下，吴洁芳母子偶尔只在夜间才摸黑回家里居住。

1946 年 3 月下旬，由于村里的线人出卖，先农乡的反动乡长柯鸣凤、曾昭伟等人带了一群全副武装的国民党联防队和乡丁，半夜包围了邓家大屋，目的是抓捕邓泰升、邓泰威、邓泰坚、邓泰彬四人。但他们扑了空，便恼羞成怒，又一次将吴洁芳抓进了监狱。国民党联防队及乡丁在押解吴洁芳等革命家属回城之前，以缉拿"共匪"之名，将她们捆绑着游乡示众，一直去到白坟村郑宏璋的家门前，以此来恐吓革命家属及村民，这次被抓去的还有陈功的妻子和女儿陈小燕。再次被关进监狱的吴洁芳，同样是铐着脚镣，遭受酷刑，受尽国民党反动派的折磨。尽管如此，她宁死不屈，忍受着常人难以想象的痛苦，把丈夫泰升的话牢记于心，她相信革命一定会成功，相信丈夫一定会回到自己的身边！1949 年 10 月 22 日阳春解放，经历了第二次铁窗生涯三年半之久的吴洁芳，终于被解救出来。

幼年的邓月与母亲吴洁芳合影

（摄于 1957 年）

在吴洁芳坐牢期间，

她的母亲曾到监狱里探望，看到女儿拖着沉重的脚镣，被国民党的狱警审讯、折磨，老母亲受到惊吓加上伤心过度，回家后一直卧床不起，直到阳春解放后也未能见到女儿、女婿一面。她怀着对女儿、女婿的无限思念、对国民党反动派的无比仇恨，含恨离世。

1946年夏，邓泰升奉命北撤山东省。临行前，心里始终挂念着坐牢的妻子吴洁芳。他留下一纸短信托人转告吴洁芳。信里写道："我妻吴氏雅鉴：我东奔西走，为挽救国家民族之危难，今奉命北上，你苦难坐牢，天下何止我一家！望出狱之日，流浪也要抚养幼儿，胜利属于我们。"吴洁芳不识字，只能听前来探监的人讲述，她把每个字意都牢记在心底，将其当作丈夫对自己的无限关爱。从此以后，她不再流泪，坚强地面对敌人的严刑拷打！

吴洁芳出狱后，遵照丈夫的嘱托，拖着在监狱里受迫害的残躯，忍受着黄肿病的折磨，带着一双儿女艰难地度日。有人劝她："邓泰升这么多年都渺无音讯，经历这么多年的战争，他可能已不在世了，就算在世，也应该有新家了，你日子这么艰难，还是趁年轻尽早找个人家吧。"但吴洁芳听后却毫不动摇，她坚信自己的丈夫还活在人世，而且一定不会背离自己和这个家。1952年10月，邓泰升在福建挥泪告别出生入死的战友，带着对妻儿的无限思念和热切期盼，日夜兼程奔赴千里之外的故乡，这对离别多年、历尽艰辛的夫妻，终于在新中国温暖的阳光里得以团聚……

九、为了党的事业无私奉献

解放战争时期，邓泰升先后任中国人民解放军两广纵队文书、第三野战军第十兵团政治部随军书店副主任。1950年5月，他转业到福州市公安局任组织科长，局领导决定将他的妻儿迁往福州，并多次催促他早日办理迁移户口手续。经过再三考虑，他听从妻子的意见，决定回到家乡工作。1952年10月，邓泰升调回阳春，担任阳春县委宣传部副部长；1954年6月，调往县消费合作社（现在的供销社）当主任；1956年3月，任新华书店阳春支店经理；1957年4月，任合水共和乡乡长；1958年2月，任春城新云小学校长。

邓泰升回阳春工作后，十年如一日，踏踏实实，一丝不苟默默地工作。他常说："我活着就是为人民工作的，不是为了升官发财。"他领取的转业费，没有为自己及妻子、儿女添置一件像样的衣服，而是将钱全部用于救济当地的贫苦农民，自己一直是穿着早已褪色的旧军装、旧布鞋。

1955年春旱，邓泰升被派往农村做抗旱救灾工作。在龙岩村，得知村民林升、张文炎家已断粮无米下锅，他就自掏腰包给他们买粮；沙尾村一位社员有两个孩子被墙压伤，无钱医治，他毫不犹豫拿钱给他们治伤。当时家中共有五口人，全靠邓泰升一个人的工资维持，生活并不富裕，他平时节衣缩食，却拿钱给乡亲排忧解难。他常说："关心群众疾苦，我责无旁贷，看见乡亲过上好日子，我内心才感到安乐。"

对于丈夫的所为，作为妻子的吴洁芳是十分理解的，她一直支持着丈夫，有时见到邓泰升将钱送给有困难的人时，甚至她自己也会拿出一些东西送上。她认为艰苦的日子已经过去了，作为共产党员的丈夫就是要有为广大老百姓谋利益的胸怀，她常为自己有一个毫不利己专门利人的丈夫而感到自豪！

1960年，邓泰威从部队回家乡探亲，看见堂哥邓泰升穿一双破了底的旧军布鞋，日夜奔忙，当即送给他一对军用新皮鞋，但邓泰升却舍不得穿，而是转送给一位没鞋穿的乡亲。那个时候，邓泰升已是负债累累，生活拮据。由于长期营养不良，积劳成疾，病魔缠身。1961年邓泰升被诊断为肺部积水，医生劝他住院治疗。但他谢绝了医生的劝告，不顾生活与疾病的交迫，依然一心扑在教育事业上，带病坚持工作，跟着群众一起过着吃菜粥的生活，共渡难关。1961年9月上旬，邓泰升病情恶化，9月18日肺部突然大量出血，医治无效，终年50岁。邓泰升用坚定的革命步伐，走完了他无怨无悔的一生！

1992年，80岁的吴洁芳也走了，她带着在国民党监狱里留下的病疾和无限坚强，永远地离开了朝夕相处的女儿女婿，离开了这个既曾让她痛苦又幸福的人间。

2021年7月18日，邓泰升女儿邓月和丈夫吴其焕去探望99岁高龄的革命老前辈梁文坚同志，说起邓泰升，梁文坚同志写下了一

前排左起：陈　庚　　郑宏璋　　黄　云　　梁文坚　　周景光
后排左起：陈　洪　　陈道山　　陈　功　　韦汉威　　陈　发
（照片由陈立提供，摄于1981年）

段这样的文字："解放前的先农乡（现改名七星），是地下党阳春县领导机关所在地，沙田垌村参加地下党的党员多，后来参加广东人民抗日解放军的人也多，其中邓泰升同志是最先参党，也是最先参军的同志，其家也是最先被迫害的家，泰升妻子儿女被捕坐牢时间最长，受害最重，这是一个光荣的家，也应该值得尊重，值得后人敬仰。"

2021 年 11 月

赤诚丹心献给党

——记邓水生烈士

邓太锦　　苏　卫

　　邓水生是党和人民的好儿子！他加入中国共产党后，以超凡毅力和智慧，克服常人难以承受的危险和压力，潜伏在隐蔽战线中，从事中共地下党的交通联络工作，出色地完成了党组织交给的各项任务。为保护中共阳春党组织和革命战友，他不怕牺牲，以大无畏的英雄气概藐视国民党反动派，为争取革命胜利献出了宝贵的生命。

　　如今，在七星平山坡邓水生牺牲的地方，巍然耸立着邓水生烈士纪念碑。纪念碑上由邓水生生前的战友，原中共广西壮族自治区顾问委员会主任黄云题写的"邓水生烈士永垂不朽"九个大字，熠熠生辉，激励着后人继往开来。

图为黄云（右一）、关尤励（左三）、梁文坚（右二）、郑秉业（左一）在慰问七星老区时与邓水生烈士遗孀汪兆贞（左二）和交通员李莲英（右三）合影。

（照片由陈立提供，摄于1981年）

一、年少的艰辛

邓水生，又名邓昌藩。1913 年出生于阳春先农乡（现为七星村委）沙田垌村，姐弟四人中排行老四。邓家世代租用地主田地耕作，家境贫困。邓水生的父亲邓谦娶妻梁氏时只有一座三间的矮小泥砖屋和一间小柴房（用作伙房），一家人挤在一起艰辛度日。邓水生的两位姐姐出嫁后，他大哥邓昌权与他分家，邓水生只分到房子的一半，后来这房子成为中共先农乡的地下交通站。直到解放后这所房子仍保持原貌。

邓水生的亲房叔侄较多，闲时经常一起玩，如泰升、泰威等。他们时常会一起帮助村里的贫困家庭上山砍柴或舂米，有时在田里多捉了几条鱼也要分一些给别人，认为大家同宗同村不分彼此。

邓水生在村里仅读了两年私塾。他 18 岁丧父，25 岁丧母。因家庭劳力不足，只能靠给地主打工补贴家用，如遇灾年收成不好，只能借高利贷维持家庭基本生活。水生自知家底差，比不过人家，从小就养成了为人稳重、忠厚朴实的性格，不喜欢与人高谈阔论。水生身材矮小，但人很精灵，短短的胡髭，黝黑的脸庞，一双明亮的眼睛炯炯有神。

1937 年初，邓水生经人介绍到先农乡中心小学当司务。因母亲重病缠身，需要人护理，为了做到尽孝与司务工作两不误，从家里到学校六里多路程，他每天赤着脚要跑好几个来回，还未算购物的路程和时间。但不管天气怎么变化，水生一天到晚都在奔跑和干活儿，从未耽误学校老师的正常用餐。老师们看在眼里，感动在心。

二、思想的升华

1937 年秋，郑宏璋到先农乡中心小学任教师，接着邓泰升也来该校任教师。他们两人私下经常交流外面的抗日情况，分析抗日革命斗争形势，邓水生听得津津有味。水生渴望自己有一天也能像他们那样懂得更多爱国道理，为贫苦人谋幸福。为了有更多时间听他们讲故事，水生把家里能煮的花生、番薯等杂粮拿回校，弄好后请大家坐在一起边吃边听郑宏璋和邓泰升讲故事、讲革命道理。渐渐地，他思想上发生了变化，心灵深处涌现出爱国抗日的激情。在那贫穷落后的旧社会，产生这种革命思想的人会被视作"冒险玩命的人"，可邓水生彼时已经下定了决心！

1938年2月，郑宏璋调到屯堡小学（中心分校）任教师。邓水生处理完母亲的后事后，常利用星期天和邓泰升到屯堡分校与郑宏璋会面，像呼吸新鲜空气一样不断接受革命思想的熏陶。

1939年学校放寒假期间，郑宏璋以方便学生上课为由，提出另觅新址（龙塘山坡顶）建屯堡小学，邓水生等人主动帮忙，参与选址、请人砍树、平整土地等工作。一天，郑宏璋与帮忙筹备新校建筑材料的邓水生闲聊，邓水生大胆地把埋在心底的问题低声问："你常说的专为老百姓说话的抗日组织是怎么一回事儿？"郑宏璋回答："是中国共产党组织！"水生又问："我很想见他们的人，不知我是否够格？"郑宏璋微笑着说："你一定有机会的，努力！"短短的几句谈话，双方都非常开怀。郑宏璋对水生的人品和性格很欣赏，便委托邓泰升利用工作之便，多次以党员的身份与水生谈话谈心。

1940年春节，经中共党组织批准，郑宏璋、周道庄召集围仔村的周道桓、沙田垌村的邓水生、邓伙来和岗尾乡的李宗檄等人，在先农乡中心小学进行为时3天的秘密学习，学习结束后为他们举行了入党宣誓仪式。

1940年8月，中共两阳特派员调陈奇略到阳春先农乡屯堡小学以任教书为掩护，负责中共阳春党组织的领导工作（屯堡小学成为阳春分委机关所在地）。中共阳春分委调黄云（黄昌熺）到先农乡中心小学任教师，任中共先农乡党支部书记，邓泰升、邓水生、周道庄为支部委员。

三、特殊的任务

1941年，邓水生成为先农乡党支部的支委后，郑宏璋就安排一个非常特殊的任务给他，授意他隐蔽在秘密战线，不参与任何公开的事项，也不能对外人表态，尽可能保持着单线联系，必要时可通过周道桓转接。邓水生严格按要求保持平日的正常状态，认真做好学校的司务工作，全力协助关永同志（对外身份是屯堡小学新校承建商）秘密做好中共阳春分委的机要交通员工作，提供阳春城发展党员的情况。1942年初，屯堡小学新校建成迁址。郑宏璋又交给邓水生一个特殊任务：通过学生从侧面了解当时先农乡第五、第六、第七保保丁的家庭情况。

1942年冬至1944年初，中共阳春党组织根据上级指示，全面停止一切活动，只让阳春分委负责人郑宏璋继续留在先农屯堡小学，单线联系全县党员。此时，一位名叫苏同的小学生进入了邓水生的视线。苏同家离学校较远，中午一般不回家。他常会利用午休时间配合负责司务的邓水生干些力所能及的活儿，如捡一些木柴或到河里挑水等（当年的饮用水）。邓水生见他为人勤快，常会慰劳苏同一点儿番薯、木薯、小芋头等食物。时间久了，两人就结成了忘年交。水生经常给苏同讲些穷人要立志的道理。后来，水生利用苏同回家和上学顺路之便，间接地到屯堡小学郑宏璋处交换情报，有时也到鸭寮岗村何明珍关系户（后来称堡垒户）交换所收集的情况。

1944年8月，中共广东中区各级党组织全面开展活动。10月，中共两阳党组织根据上级指示，着手组织阳春第一支抗日武装队伍。邓泰升、邓水生、周道桓配合郑宏璋，协助谢鸿照等人策划抗日武装起义，动员先农第五、第六、第七保的乡丁支持军事负责人黄选盛的行动。不料，黄选盛于1945年2月21日被捕，相关人员都面临被捕的危险，情况十分危急。当晚，在屯堡小学任教的三位老师谢鸿照、郑宏璋、陈国璋，以及工作人员陈庚、邓泰威等10多人，需要迅速撤离先农乡，转移到阳江县冲口。邓水生、周道桓、苏同等多名交通员接到引路任务后，秘密地按多条路线分散引路，并于当晚赶回先农乡，继续探听风声。邓水生、周道桓、苏同三人第一次体会到革命斗争的残酷性。

四、赤诚的党性

1945年3月13日，由代司令员谢立全、政委罗范群、政治部主任刘田夫率领广东人民抗日解放军挺进阳春。黄云带领先头部队（侦察班），从阳江大八乡经阳春轮溪里（乡），于傍晚到达先农乡沙田垌村，并找到当年在先农乡中心小学共事的邓泰升、邓水生。两人见到当年的支部书记黄云，觉得如天降神兵般出现在面前，喜出望外。三人齐聚在沙田垌小学内，黄云做了简单介绍，邓水生主动提出："要把部队留下来休整，让部队有机会停下来做下一步计划。"此话正合黄云心中所想。于是，三人便制定了较详细的安排。

深夜，部队首长在沙田垌学校开完会后，邓水生秘密地带谢立全、罗范群等转移到屋背山（七星岭）上的好友潘一家住宿。黄云留在私塾学校内住宿，对接部队其他事宜。部队分散到方便联络的各村驻扎，包括平山坡、围仔、沙塘岗、山口、鸭寮岗、白坟、长

寨、三岗山、鹤垌、板桥岭等村。接下来的几天，郑宏璋、邓水生、周道桓、邓泰升、陈庚、邓泰威、周道泽（周景光）、黄其邦、邓伙来等发动先农的党员向当地地主借粮食，向群众收集蔬菜和蛋肉等，慰问驻村的广东人民抗日解放军。

3月18日清晨，七星岭山腰潘一家（司令部）屋背后岗哨的哨兵跑下来报告说，发现七星岭山上有敌人，谢立全立即指挥李德胜带中队迎击，但需要上山的向导，邓水生二话不说，立即同潘一商量带领解放军冲上山，战斗最终取得了胜利。当天下午，邓水生又听到部队在沙塘岗成立六团。先农乡中心小学的周道泽（周景光）和自家的堂侄邓泰升、邓泰威等将要离开学校进入六团。邓水生此时思想斗争非常激烈，也很想参加部队的第六团。但他的一切行动必须得到郑宏璋的同意才行。

深夜，郑宏璋托人找到邓水生、周道桓两人，再次布置任务，正式通知他们留在地方隐蔽：负责保护先农乡的关系户；保持与春城党组织交通点的联络；保持与部队直接联系；接应外籍的部队干部进入阳春；收集国民党的情报等。周道桓还有发动青年参军的任务，并叮嘱所有工作任务要依靠群众，不能有误，这是我们党的严明纪律。

五、机警的智慧

1945年3月19日之后，因先农乡中心小学和屯堡分校的郑宏璋、邓泰升、周道泽、陈国璋、陈庚、邓泰威等教员都进了部队，两间学校部分班级无法正常上课，引起了国民党政府的注意，并立即派官员和保警前来调查，把两间学校搜查个底朝天，逐个进行问话："你知道学校有共产党吗？"当问到邓水生时，他若无其事地回答，"不清楚，我只是煮饭的"，顺利过了关。

1945年底至1946年初，邓水生和周道桓接到黄昌熺的命令，要在先农乡第五保、六保、七保安置广东人民抗日解放军在恩平荫底战斗中负伤和复员的大部分人员。这就需要把先农乡这些地方所有的关系户在短时间内秘密地动员起来，以家庭为单位掩藏部队人员，并由各个关系户自行解决买药物和供给，任务非常艰巨。当时正是白色恐怖时期，以陈启钊为县长的国民党政府发出悬赏通缉令，要捉拿六团阳春籍指战员。国民党保警经常下乡抓捕有牵连的人，并且抄家。更难以防备的是，乡里有内奸通报消息，一旦走漏风声就会被国民党政府公开通缉。因此，风险极大。

但邓水生和周道桓毫不犹豫地坚决执行上级的命令，充分利用当年郑宏璋和党员下乡免费行医与各村群众形成的鱼水关系，深入各村构筑以关系户为骨干的堡垒式的独立隐蔽单位，得到了群众的积极支持和拥护。苏同、何明珍、李连英、顾月娟、邓裕群、谭东初、陈朝新、李英、陈木允等交通员，甚至发动自己的亲房积极配合，到轮溪乡的轮水、轮源、屋面塘（姓朱），阳江的双麻、屋面塘村等堡垒户家中接应轻重伤员，利用傍晚夜色逐个秘密转移回先农乡山口庙，再由各村的堡垒户接到家里调养护理。

此项任务难度很大，每天基本上需要在傍晚进行，太深夜进村会引起村中的犬吠，易暴露。许多伤员走路不方便，要由邓水生和周道桓等人轮换背着转移。当年周道泽的亲兄弟周道润不顾国民党保警刚抄完家不久，积极配合周道桓秘密地背着伤员回家，安排其父母亲好好照顾，道润还常到小河里捉回小鱼煮汤给伤员喝。解放后苏同回忆："抗日战争刚结束的那段时期，先农乡的堡垒户都曾经冒过因保护抗日解放军，而被国民党政府清算的风险。"邓水生等人为了避开国民党县保警进村搜查，事先还要布置，做好信息传递，防止暴露伤员被抓。在那些日子里，交通员整天都要收集敌我双方的情报，与县城的刘传发、陈洪、邓泰坚等联系，想法安排亲房筹款。如将家里值钱的东西拿到典押拍卖行去兑现钱，想办法购药，筹谷春米等。一团的连指导员周扩源、连长黄杰和军医方百里、陈牧丁等由邓水生、周道桓安排到鸭寮岗村隐蔽，并为该村陈姓保长（新任第七保长）的儿子治好了病。因此，部队在群众中的威信非常高，很受尊敬。如有县城保警下来巡查，我们的人员事先就会知道，提前把伤员转移上山。乡丁也被我们的人统战了，很配合行动，当县城保警要串村寨，每次我们的人员转移好后，乡丁就鸣枪告知保警：游击队刚走不久，未被抓住。

此时的邓水生更是忙得不可开交，他胆大心细，一方面不耽误在先农乡中心小学当司务的工作，免得被别的老师怀疑。他为了抽空到春城，甚至叫妻子带着三岁的儿子到学校帮忙。另一方面他亲自去完成最危险的购药任务（最易被敌人怀疑）和到春城永生堂药店交换机密情报工作。

六、非凡的胆略

1946 年，上级明确宣布由邓水生担任先农乡交通站站长。1947年，国民党暗中在沙田垌村布设了线人，企图对整个先农交通站在邓水生家进出的人员进行侦察抓捕，并筹划在沙田垌村设置堡垒（保丁驻防的碉堡屋）监视过往的行人。在这种情况下，邓水生早已有所察觉。他英勇无畏，始终把最危险的事情留给自己完成。他负责先农至阳江的联络任务，他一次又一次机智地在敌人眼皮底下巧妙周旋，积极配合到本村以教书为名的先农支部书记陈洪同志（8

月份正式任书记）发展党员工作，积极为邓泰坚带领的武工组传达上级下达的任务，坚决开展对敌"小搞"的斗争。

1948 年，中共阳春区委（代号"大地"）的秘密机关设在雅铺街永生堂药店。邓水生经常来该店与"掌柜"容忍之（中共党员，党内代号萧辉）联络，转送两阳特派员来往信件。在该店当"伙头仔"的党内交通员曹何，每次都默契地在门口望风策应。解放后容忍之回忆，邓水生是个勇敢机智的人，给他留下深刻印象。

邓水生第一次和容忍之见面时，他装作有病的模样进城到永生堂买药，坐在铺面一张铡药用的长凳上，悠闲地望着店员们按方配药。容忍之也跟店员一起工作。邓水生从旁边细辨，认出容忍之的口音，知道是要找的人，当容走过他身边时，便站起来低声问："曾老板（曾昭常，中共地下党员）在吗？"容端详了一下回答："他正在房里休息，我带你去见他。"转入偏间，邓见四下无人便说："我想见一下萧辉。"容问："您叫什么名字？"邓将名字告诉容，并说："部队派我来与大地联络。"容见他机智老练已把关系都说清楚了，便说："我就是萧辉。"邓才从竹帽里把一小卷细得像爆竹般大的文件交与容。容问："要等回信吗？"邓说："没有这个交代。"邓、容二人就这样短短几分钟接上了关系。从此，邓水生又增加担负起县委和春城交通联络职责，进城传递情报的次数显著增多，所带的全是机密文件。他利用圩日从乡下进城人多的机会，并常常变换方式，以或卖柴、或卖山货、或卖鸡、或购中药作掩护，巧妙避开敌方军警的检查。

有一次，春城圩日，街上人流熙来攘往，正当许多人进入药店买药时，永生堂突然来了几个便衣侦探，他们装作找坐堂医生诊病的样子，其中有个陈姓的家伙平时也常到该店借故与华哥聊天，实际上是打听动静的。邓水生很警惕，一眼就看出这是一伙特务。当时他已进店，又不宜马上转身退出，于是走近柜台，从口袋里掏出钱来，买了一包"清补凉"便离去，敌人一点儿也未察觉。有时，水生又改变联络办法，事先约好圩日，由容忍之亲自出到河堤的柴草市场找水生接头，以买柴名义把他带到永生堂后座的厨房交换情报。

1948年夏天的一个早晨，邓水生秘密携带广阳支队司令部一份布告稿和一枚部队"关防"（方形图章）到永生堂交到容忍之手中。当天晚上由中共地下党员陈运庆同志将文稿抄写，复制成两张报纸般大的布告共十多幅，盖上送来的"关防"印，派同志趁黑夜张贴于春城街道墙上，其中一张贴在永生堂侧一条巷闸口墙壁，第二天清早便引来一大群人围观。这下子震惊了敌人，国民党县城的镇长柯圣源惊惶失措，因为镇长开的米店也在雅铺街，距离这张布告贴的地方只不过几十米远，简直是在老虎口里拔牙。他们如临大敌，急忙撕毁所有布告，并实行通宵戒严，晚上搜查户口，白天在城关路口设岗检查入城群众。邓水生竟然又隔两个圩期（仍在戒严）来到永生堂，把一封有三个"+"字号的特急件及时安全地送到"大地"。他以非凡的胆量又一次突破敌人的封锁线，出色地完成了任务。

七、敬业的情怀

当年春南区委委员陈洪同志回忆，解放战争时期，香港分局（华南分局）的李超同志从香港寄回一批进步书报，寄到岗尾邮政代办所的秘密交通员李南光处，再转到先农交通站邓水生家里，由他秘密交给驻春城的两阳特派员李信同志。

1948年2月，香港分局指示对国民党大力开展公开的武装斗争，积极开展"大搞"，并从香港指派一批区委书记级的领导干部到两阳开展工作，其中有杨飞、杨超、陈冬、郑文（解放后任春湾区区长）夫妇等同志，他们从香港经阳江再乘船到阳春岗尾上岸，经交通站人员引路到达沙田垌，用暗号问："这里有蒸酒的工具卖吗？"邓水生知道他们是上级派来的同志，便回答："有，请到里面商量。"随即找区委陈洪来接洽。过了几天，由交通站通知李信、马平、曹广、陈庚、陈枫、姚立尹、杨飞、杨超、陈冬等领导同志到七星岭半山腰潘一家聚集，召开两阳人民武装负责人会议，由杨飞同志传达香港分局指示，部署进一步开展阳春地区的武装斗争。

由于当年斗争环境恶劣，国民党动用大量军队对游击区不停地进行大规模"清剿"，把"亲共"的人抓来毒打下刑，甚至枪毙示众，老百姓被搞得极度恐慌。在这种白色恐怖的环境下，一些革命意志薄弱的人，公开或暗中向敌人"自新"投降，成了叛徒或脱队回家。邓水生对革命忠心耿耿，毫不畏惧，他还动员本村的"睇牛仔"李杰、邹继忠、陈国赞、罗邓家等人参加革命。初时，邓水生的妻子汪兆贞对丈夫的工作不大理解，非常担心他和孩子的安危。经过他的耐心教育，妻子不但认可且积极支持配合他的工作。如每当两阳特派交通员陈轩到来时，汪兆贞能主动配合，并且与她称为姐妹。当邓水生知道武工队费用不够解决日常基本供给时，很快说服了妻子，把家里刚在早造收割回来的500斤谷子卖掉，用来购置武工队急需的葵衣、药品等物资。

八、不幸被捕

在白色恐怖时期，邓水生长期频繁的交通活动，引起先农荔枝林的大地主恶霸曾大昂儿子曾超伟等人怀疑，并向当时驻扎在阳春的国民党七区专员特务头子刘其宽和县长邓飞鹏告密。1948年8月

19日凌晨，邓水生完成任务后回到家里。平时为了方便工作，他习惯一个人住在下屋伙房里，他的妻子汪兆贞和两个年幼的孩子住在只隔一条巷的上屋。当夜，水生是什么时候回来的，其妻子也不知道。下半夜三时许，突然，狗吠声不绝于耳，全村被国民党保警300多人包围。人们从梦中惊醒。汪兆贞预料情况不妙，连忙起床，拉着仅四岁半的大儿子，背着仅二岁的小儿子，向下屋的伙房冲过去。当她打开伙房门时，看见邓水生正在灶前烧文件。汪兆贞眼中泪水如潮，催他快逃上后山，水生说："不！来不及了！"他泰然自若地把大儿子拉过来，摸着他的头说："莫怕！莫怕！"邓水生把所有的文件烧完。

拂晓，敌人开始搜村，大声呼喊，一家家的门被砸开，一大群人被押到地坪上，枪托皮鞭往群众身上打。几个保警在一个富农婆的指证下扑向邓水生家门，用枪指着问："你是邓水生吗？"邓水生很镇定地回答："是。"又问："邓昌藩也是你吗？"邓水生说："不必多问，我就是！"那个当官样的保警假惺惺说："县长请你上春城！"邓水生语中有刺地顶一句："我这个耕田佬竟然会烦劳县长请进城。哈哈！真够福分！"这话像箭般射向敌人。他们恼羞成怒，立即动手把邓水生绑起来，邓水生用身撞开那几个国民党保警，对妻子说："装碗粥水给我喝！"敌人疑心会放什么毒药，硬要他的妻子先喝了以后才准他喝，邓水生把大半碗粥水喝完，以坚定的步伐走出家门，被一群保警押往县城。

九、永恒的诺言

敌人沾沾自喜，满以为可以从邓水生的口中得到想要的一切信息，企图将阳春的党组织一网打尽。邓水生在狱中半个月，敌人丧心病狂地对他使用多种酷刑，其中有一种最难忍受的电刑，把电话机头正负极接上两条电线，线端的铜线绕在受刑者的手指上，摇动机头，使受刑者触电致全身颤抖，冷汗淋漓，霎时间便昏厥过去。待到醒来又如法炮制，反复折磨，以此逼供。可是敌人始终不能从铁骨铮铮的邓水生口中捞到点儿什么。硬的不奏效，又来软的一套，敌人阴险地以利禄来引诱他，只要他把地下党组织和领导人说出来便可得到重酬。但邓水生始终不为利所动，他识破敌人的阴谋诡计，憎恨敌人的无耻，经受了严峻的考验。他骄傲地承认自己是共产党员，但他守口如瓶，始终不透露党的半点儿机密。他斩钉截铁地回答敌人："你们要我说出组织情况吗？绝对办不到！"敌人把他打得遍体鳞伤，却一无所获！他以血肉之躯承受残酷的毒刑，以坚强的革命意志和信念保护了党的组织，保护了革命同志。

汪兆贞在丈夫被捕的第二天，担着柴米衣服到监狱探监，敌人认为邓水生的案情重大，把他独自关在一个小牢房，用又重又粗又黑的铁栏牢牢锁住，汪兆贞只能隔着铁闸看。邓水生手扣铐、脚带镣吃力地挪步过来。只一夜间，邓水生由一个好端端的壮汉变成脸色苍白、眼眶深陷、满身血迹的人。露在外的手脚处又青又肿，皮开肉绽，伤口还渗着血水。汪兆贞心如刀割，泪水滚滚。邓水生强忍疼痛，用坚定的目光望着自己的妻子，安慰说："不要哭，你要坚强！"国民党反动派所能要的花招已用尽，他们幻想已破灭，最后的手段只有屠杀了。

1948 年 9 月 2 日上午，刽子手打开春城监狱牢门，对邓水生说："你的案情重大，要押往省城，现在就走。"邓水生预料到敌人要杀害自己了，他双目鄙视着"豺狼"，纵声一笑，神态宛若平时，安详地走出黑暗牢房。

当天正是春城圩日，春城街道上人涌如潮。国民党县长邓飞鹏为了镇压人民的革命斗争，选择在这个时候杀害邓水生。几十名荷枪实弹的保警押着邓水生游街示众。邓水生昂首阔步，大街上的行人对他报以敬佩的目光。

当天清早，汪兆贞又从乡下挑着柴米，进城探监。当行至青石桥街时，见一队保警押着邓水生缓步迎面而来。她上前问："你要被押往哪里去？"邓水生平静地望着自己贤惠的妻子说："你不用来了，把这些东西担回去，留给孩子吃吧！"听了这话，汪兆贞完全明白了。她悲痛欲绝，泣不成声。邓水生深情地叮嘱她说："养大孩子，告诉他们我是怎么死的！"保警恶狠狠地把他们拉开，汪兆贞满怀悲痛愤恨，眼望着丈夫远去而禁不住泪如泉涌，想到即将阴阳相隔，顿觉天旋地转，最后哭晕在地上。

图为邓水生烈士墓

保警把邓水生押至先农乡平山坡，就不准邓水生再往前走了。保警喝令他跪下，但共产党员邓水生，在生命的最后一刻视死如归，他坚贞不屈，坚决不下跪，把头高高昂起，双脚迈开，面向着抚育自己长大的家乡，俨似一棵顶霜傲雪的苍松。他拼力高呼："共产党万岁！"敌人七颗罪恶的子弹打在他身上。他为了党和人民壮烈牺牲，为革命流尽了最后一滴血。时年仅 35 岁。

烈士英名传千古！在邓水生倒下的地方，阳春人民政府为永远怀念革命英雄邓水生同志，建立"邓水生烈士纪念碑"，昭示后人，不忘初心，继往开来！

2022 年 7 月

1981 年部分革命老干部和革命后代敬仰邓水生烈士，并合影留念。前排左起：周景光、梁源、曹何、顾明、邓泰威、邓泰坚、邹永桂。后排左起：朱家新、蓝启香、苏同、邓泰斌、徐宇仁、邓太锦（邓水生烈士的儿子）

革命硬汉周景光

黄万里　　周燕群　　周小云　　周国庆　　周小帆

在周景光诞辰一百周年之际，周景光的儿女周燕群、周小云、周国庆、周小帆等人，根据记忆及查找相关资料，讲述、记录了周景光的戎马生涯以及其转业不褪色，在参加地方建设再立新功的感人事迹，以缅怀慈祥敬爱的父亲。

一、在先农义无反顾参加革命

周景光，原名周道泽（1919.10.27—1993.10.31），广东省阳春县先农乡围仔旧寨人。家有六兄妹，他排行老二。小时候家里穷困，兄弟姐妹多，家庭经济负担重，周景光的父亲周志堂被迫到地主家当了13年长工后才回家租田种地。生活拮据，又遇上自然灾害的年份，周家只得靠借高利贷艰难度日。周志堂切身体会到没文化、受地主欺压的痛苦。为此他暗下决心，无论如何都要挣钱送儿子上学读书，

周景光夫妇结婚照

以求将来有出息。

在家庭的支持下，周景光 13 岁才开始读书，其间因家庭经济困难停学了一年，但最终如愿以偿在先农乡中心小学念完了小学，并于 1939 年考入阳春县师范学校，第一次离开家。为感恩父亲和家人，周景光毕业后，放弃了被亲戚安排在县城担任小学教师的机会，回到了家乡帮助父母耕田务农，以维持周家的生活。1944 年，为逃避国民党抓壮丁，周景光凭借师范毕业的资历，经人介绍，到先农乡中心小学当教员。面对现状，他感觉到现实并不是自己所认识的那么简单，内心深处萌发了需要光明的思想。其间，受中共党员郑宏璋、邓泰升、邓水生、谢鸿照夫妇等人进步思想的影响，周景光开始接受革命组织考验，从此感到人生有了新希望。他听从组织的安排，以教师的身份作掩护，从事党的地下活动，参与郑宏璋、谢鸿照组织的以黄选盛为军事指挥的武装抗日筹备工作。

1945 年 3 月 18 日，周景光义无反顾地参加了广东人民抗日解放军，成为由黄云任团长、郑宏璋任政委的广东人民抗日解放军第六团一连的一名战士，正式开始军旅生涯。这是周景光第二次离开家，在那艰难的日子里，在没有军事给养和经济支持，枪支弹药严重不足的情况下，六团的全体指战员，在一个多月里，与国民党联防队多次交锋。周景光二十多年后曾与自己的儿女讲

周景光的抗日五十周年纪念章

左起：关尤励、周景光、黎新培、刘传发（照片由陈立提供，摄于1981年）

述过那段历史：他当时对部队的一切要求和作战意图完全不懂，内心只有一个念头，就是跟着共产党，服从部队安排，坚持抗日，决不贪生怕死，就像开弓的箭，永不回头，始终奔波在战场上。虽然十分艰苦疲劳，更顾不上家里发生什么情况，但始终保持高昂的士气。

后来部队转移到恩平清湾、萌底集训，接着又回到先农乡分散隐蔽，并安排多名受伤的战友到周家交给其父母亲（堡垒户）照顾，由先农交通联系人邓水生、周道桓、苏同等负责联系供给。经过几个月的游击战磨炼，周景光迅速成长起来。1946年1月，周景光加入了中国共产党，并担任阳春蟠龙上洒交通联络点负责人（站长）职务（解放后上洒归阳江大八镇管理）。

1946年6月，周景光接受上级的命令，加入了北撤的队伍中。6月30日奉命随东江纵队骨干力量和阳春籍骨干黄云、郑宏璋、严仕铭、邓泰升、邓泰威等15人，一起在深圳大鹏湾鲨鱼涌登上租用的美国军舰北撤至山东烟台，周景光和部分战友被编入山东野战军陈毅指挥的部队。

二、在华东枪林弹雨冲锋在前

在南征北战的艰苦岁月里，周景光与战友们始终保持大无畏的英雄气概，他足智多谋，英勇善战，把个人的所有精力都投入每一场战斗中去，与战友们冲破了敌人一道道防线，攻克了敌人一座座堡垒，立下了赫赫战功。

1947年初，山东野战军和华中野战军合并，组建成华东野战军。1948年春夏，周景光所在的部队参加了攻破洛阳城、拿下开封府的战役；接着北上解放山东省府济南，后南下徐州。1948年11月，部队投入著名的淮海战役之中，并于1949年4月，随着百万雄师过大江，直追残敌至宁波，在胜利完成渡江作战后，部队又参加了解放舟山群岛战斗。

舟山群岛位于杭州湾外东海，是南北海上交通的要冲，宁沪杭地区的屏障。除舟山本岛外，还有岱山、长涂、六横等400多个岛屿，总面积约1200平方公里。周景光凭借不晕船的体质，与华野的战友们一起，成为渡船作战突击队的连级指挥员之一，为率先登上舟山，攻克舟山，解放舟山群岛做开路先锋。1949年8月18日18时30分，首战大榭岛的战斗打响。大榭岛位于舟山本岛西南，距陆地只有0.32海里，距舟山本岛约4海里，是大陆通向舟山本岛的门户。在猛烈炮火对岛上轰炸后，部队分乘100多条民船，从正面向大榭岛进发，只用15分钟就抢滩登陆成功。突破国民党军的前沿阵地后，周景光等突击部队分3路向纵深穿插分割，迂回包围。战斗至午夜，包围了大榭岛主峰七顶山。设在七顶山的守敌指挥所，指挥从岛上各处溃退回来的残兵败将，居高临下，负隅顽抗。经过激战，登陆部队于19日拂晓攻占了七顶山，全歼守敌1448人。

8月18日晚，渡海登陆部队兵分三路，继续向舟山外围岛屿发起进攻，25 日占领梅山岛，10 月 3 日—5 日攻占金塘岛，歼灭大部分守军。此时，佛渡、六横、虾峙等岛守军害怕被歼，仓皇撤逃。第 21 军第 61 师旋即攻占了佛渡等岛，并于 18 日晚攻占桃花岛，全歼了守军。此役，共歼国民党军 8850 余人。舟山群岛的解放，打破了国民党军对长江口的封锁，对建设上海和巩固浙东海防具有重要意义。周景光带领的突击队，为部队登岛扫除了不少障碍，立下了不朽战功。

在淮海战役中，有一次，一小分队负责把所有战地物资武装押送到后方。途中，一名挑着一担银圆的战俘因肚子疼掉了队，那个时候，一担银圆，足以养活一支部队。周景光奉命带一个班的战士迅速沿路搜寻，终于在一个比较隐蔽的山坳找到战俘和银圆，安全送到后方驻地。部队领导为了表彰周景光，特从战利品中挑选了一支"派克"金笔奖励给他。周景光爱不释手，一直将这支"派克"金笔带在身边，以激励自己艰苦奋斗、继续革命，连他最小的爱女索要都不肯给。可惜，这支"派克"金笔后来在"文革"期间被抄家的人拿走了。

三、在南京忠诚服务人民空军

为尽快实现毛主席的"建立一支强大的人民空军"的伟大战略目标，周景光奉命调至南京大校场机场，参加中国空军的建设。始建于 1929 年的大校场机场位于南京城南。1929 年，国民政府中央航空署征收大校场土地 700 余亩，设为空军训练场所，大校场机场由此而诞生。1931 年，国民政府在大校场建立了中央航空学校。三年后，国民政府将大校场正式列为军用飞机场。此后，日军侵华，大校场机场投入抗战，成为中国空军的主要阵地。

解放后，大校场机场属中国人民解放军空军军用机场。周景光正是此时奉命跟随部队走进了机场，走进了中国人民空军之列，担负起该机场的安保、维护、补给等重要工作。1953年，周景光奉命转场东北齐齐哈尔机场训练。1953至1955年，周景光所在空军部队光荣地参加了三次国庆阅兵，接受了党中央、毛主席的检阅。

周景光隶属于北京空军地勤部队，历任政治指导员、组织科副科长、政治协理员，大尉军衔，曾服务于北京、唐山以及山东等地的军用机场。

四、在地方永葆军人本色

1963年3月，周景光在北京空军耿家局子靶场7360部队转业，6月份回到家乡阳春县，担任县财贸办主任。四清运动时，周景光被派至松柏公社等乡镇进行社会主义路线教育运动。1967年，在建中的湛江地区八甲水电厂，因厂长、副厂长被边缘化，遭批斗，周景光被县委指派临时担任工程指挥部副指挥、党委副书记，不久正式调任湛江地区八甲水电厂党委副书记兼副厂长（正职由湛江地区领导挂任），成为前线总指挥，负责建设八甲仙家峒水库大坝、大石牛一级发电站等多项工作，一干就是十多个年头，见证了八甲水电厂、仙家峒水库工程的竣工过程。多年来，他极少回家，一年四季基本在水电厂度过，他始终把工地当作战场，把自己当作前线战地的指战员，从一名军人成为一位名

20世纪60年代末周景光于湛江地区八甲水电厂办公室前留影

副其实的国营企业管理者。充分展现了军人的硬汉形象。

在工业基础水平较低的年代，汽车、钩机、吊车等设备极少，在那陡峭的山崖上和举步维艰的大山深处，建设工程基本靠人力操作，肩挑手拉、葫芦吊、铁锹挖、大锤打桩、用杠杆原理移动设备，土法上马，用人工劳力完成项目工程量达 90%，其工程难度可想而知，周景光带领 700 多名干部、工人日夜奋战在工地上，吃住在工棚里，硬是把水电厂每一项工程的骨头啃了下来。每一次大型不停顿的灌浆项目工程施工，他总是站在第一线，严格把好安全和质量关，每当出现突如其来的故障，他总是第一时间知道，并及时调动技术人员排除。他一天只睡三四小时的日子不计其数，二十四小时连续不休息是常有的事。尤其是雨季，洪水来袭，工地一片泥泞，正常走路都相当困难，更不要说施工了。工人们见到周景光总是站在第一线指挥，都为有这样的好领导感到欣慰。

十多年来，八甲水电厂建设的每一项工程都留下了周景光的足迹：在海拔近 600 米的陡峭山崖里修出了一条盘山公路；筑垒仙湖水库大坝以万为单位的土石方工程；铺设百十米高的超大压力钢管；建造混凝土结构的一、二级高水头发电站机房；建成了年均发电量 8000 万千瓦时的水力发电厂。周景光立下了汗马功劳，深受水电厂员工和当地老百姓的拥戴，受到了湛江地委的嘉奖。直至 1980 年 10 月，周景光光荣离休。他向党交出了一份圆满的答卷。

五、在家庭言传身教做表率

1954 年，经组织介绍，周景光与赖赛英在齐齐哈尔结婚。妻子当时也是空军地勤部队的一名女战士。婚后，他们相继生育了五个儿女。

周景光对自己、对家人严格要求，是一位讲道理、懂政策，永葆军人本色的优秀干部，更是一位慈祥的父亲。虽然他一生中极少对子女说些什么，但他始终是身教重于言教，做好表率。

子女们在父母言传身教的严格教育下，没有辜负他们的期盼，成为对社会有用的人，在各自的岗位上努力工作，都做出了优秀的成绩。两位儿子相继参军入伍、保家卫国，并加入了中国共产党。三位女儿也都是单位的优秀职工，三姐妹的家庭都获得过"五好家庭"的殊荣。

2021 年 11 月

热血一生寄他乡

——记黄其邦革命历程

黄宁东　　苏　卫

一

　　黄其邦（1925.2—2012.11），曾用名黄国昌，参加革命后改称黄乔生。1925 年出生于阳春八甲黄坡村一户黄姓的家庭。因当时家庭困难，刚满两岁还不懂事的黄其邦被卖到先农乡的三岗山村一户黄姓有钱人家里（卖身契保存至今）。生父、养父皆姓黄，其邦不用改姓。

　　在新家，黄其邦不仅得到养父、养母的厚爱，还受其良好家风的影响，从小学就学会尊重他人，学会与别人分享自己的东西，从不独占。其邦家屋前（村前面）是一片田地，谁进村都可一目了然，而屋的背后紧靠着大山坡（后背山），有茂密的树林，鸟声不绝。村里的小伙伴都喜欢到其邦家玩，不仅能吃到一些零食，还能见到大人在田里干活，知道他们什么时候收工。其邦无忧无虑的童年时光很快就过去了。7 岁那年，其邦开始读书，但其养父却开始得病，不久便去世了。为了照顾家庭，1937 年，其邦小学毕业后，跟着大人在家务农。为省下家庭请长工的费用，其邦邀请了几个年龄比他小的本村兄弟和他一起干农活儿。在家务农期间，他还经常回校自觉地帮韦克（韦汉扬，学校工人）做些杂工，甚至还协助学校任低年级的临时代课老师。由于其邦品学兼优，能吃苦耐劳，深得中心小学的周道庄、郑宏璋、邓泰升等人的赏识。

二

1939—1940 年，黄其邦在邓泰升、周道桓、邓水生等的邀约下，经常和邓伙来到郑宏璋新任职的屯堡小学（设在长寨陈家祠）参与商量筹办建新校舍的事宜，后来形成了一个不成文的"约定"，基本上每星期六晚必到，大家非常乐意点亮煤油灯坐在一起，主要是喜欢听郑校长讲外面的抗日故事。每当郑校长星期天约人搞"读书会"时，其邦就被安排在外迎客并放哨。经过多次沟通，大家对抗日的思想已产生共鸣，非常向往能成为一名共产党员，担负起为老百姓谋幸福的神圣职责。

1940 年 2 月 11 日（农历正月初四），郑宏璋、周道庄在先农乡中心小学秘密举办建党学习班。先农乡围仔村农民周道桓，沙田垌村农民邓水生（中心小学司务员）、邓伙来，岗尾乡农民李宗橄等，以春节探亲为名进入先农庙，关起门，进行为时三天的学习，并相继填表加入中国共产党。郑宏璋当时认为黄其邦年纪尚小，希望他继续努力。3 月，中共阳春特支在先农乡中心小学建立阳春第一个农村党支部——中共先农乡支部。不久，党支部发展中心小学工人韦克（韦汉扬）入党，韦克平日与其邦最要好，其邦常强烈要求和韦克一起到屯堡小学郑宏璋校长房间表达对组织的向往。经上级组织特批，1941 年 1 月，年仅 16 岁的黄其邦在先农乡中心学校经黄云（黄昌熺）和韦克介绍入党，一起入党的还有围仔村农民周金庆、周道谋，长寨村农民陈孔受、陈孔扬。当时先农支部书记是黄云，支委有邓泰升、邓水生、周道庄。黄云和邓泰升常利用下村家访的机会，广泛接触农民抗日骨干。

三

1941年春节后，为了组织抗日队伍，开辟西山革命根据地，受中共阳春分委的委托，周道桓、黄其邦等人跟随黄云到春城，找到汤立骅，黄云授意汤立骅带周道桓、黄其邦等人进入西山（当年属于云浮飞地）开展抗日宣传活动和选购建校杉木。他们到陂面找到乡保长（自卫队长）罗开焰（黄云同学），得到开焰等人认同，继而认识了队副罗开诚、大水乡长黄家威。在三人的协助下，不久扩展到各乡的乡长，积极配合开展抗日救国宣传。此次西山之行，可以初步确定今后选择西山那柳作为抗日的隐蔽基地是合适的。此次行动非常成功，周道桓、黄其邦立即回到先农向分委领导汇报。1941年3月3日，日军入侵阳江城，中共阳春分委立即召开会议，决定集中先农乡公所第五、第六、第七保掌握的几十人枪，成立抗日人民武装队伍；在日军侵入阳春时，黄云负责往东山蟠龙建立抗日革命根据地，郑宏璋负责往西山建立抗日革命根据地。后因日军没有进入阳春，整个计划取消。

1941年，黄其邦白天一直跟着周道桓在龙塘山坡建屯堡小学新校舍，晚上有时与陈庚等人陪同郑宏璋以走访病人为名下村，物色农民抗日积极分子，发展入党对象。

四

1942—1944年，党组织暂停活动，但先农乡的中共阳春分委在郑宏璋的周密安排下，充分发挥第五保周道桓、第六保邓泰升、第七保陈孔扬三个保长的作用，同时通过邓泰威、黄其邦等人经常到各保与保丁（壮丁队员）拉关系，陈明（陈兆生）负责与春城联络，黄其邦兼负责先农、岗尾、轮溪的交通信息传递，还经常与陈国璋、关永（中共阳春分委机要交通员）到阳江城和河口、金旦、程村等地，与当地农民骨干保持联系。加上在先农乡建立了良好的群众基础，黄其邦已经学会了如何配合周道桓去完成上级布置的通信联络任务。解放后苏同回忆，当时黄其邦经常跟着周道桓到苏同家小聚（吃饭），商量第二天或下一步的行动安排。

1944 年 7 月，中共中区特派员根据形势的发展和筹备武装斗争的需要，任命谢鸿照为中共两阳党组织指导员，负责分批恢复两阳地方党组织的生活，并筹备建立两阳人民武装抗日游击队。这时的黄其邦已经接受郑宏璋布置的任务，重点配合谢鸿照的工作。同时，把先农外围的通信联络线路转交给苏同交通员负责。

1944 年冬，中共两阳党组织根据上级指示，着手组织抗日武装队伍。组织从别的学校抽调罗杰、陈华森、朱尚绚到先农乡屯堡小学，协助谢鸿照筹备武装起义。郑宏璋与先农乡邓泰升、周道庄、黄其邦等联系，控制壮丁队 40 人枪，联合周景光、邓泰威、陈功（陈昌寿）、郑宏湘、郑雄等人准备参加武装起义，并借假日以上山打猎为名练习枪法，安排邓水生、周道桓长期隐蔽建立交通联络站。

1945 年 2 月，由于被坏人告密，黄选盛被抓，谢鸿照、郑宏璋、陈国璋、罗杰、朱尚绚、黄其邦等迅速分散撤离先农乡，转移到阳江县冲口。

五

1945 年 3 月 13 日，谢立全代司令员带领广东人民抗日解放军从阳江往阳春路径挺进。刘田夫（脚部负伤）和几位伤员坚持与主力部队到达阳春。郑宏璋护送刘田夫到三岗山村黄其邦家养伤，整个供给由黄其邦负责，包括购药和粮食供应等。其他伤员后来被安排在附近的村里，黄其邦安排妻子李云英每天专门与几位伤员所在的家庭联络了解情况，安排母亲陈日生专门照顾刘田夫。母亲懂得一些生草药知识，除了配合军医的工作外，每天还上山采摘许多消炎的生草药煮水帮刘田夫清洗伤口。

黄其邦还安排早年一起玩的几位兄弟白天在村里轮番舂谷，并负责周围的警戒任务，如发现情况，大家必须抓紧往后山转移，且不能留下半点儿痕迹。有一次，遇到几位乡丁带着县城的几位保警例行巡查，刚到村前的河溪边，被我们负责警戒的人发现，他们立即通知其邦的母亲、妻子一齐护送刘田夫转移到后山隐藏。当乡里的保丁走近村前时，他们就有意大声喊："兄弟们，大家辛苦了，抽口烟再入村吧！"其余的保丁也装作很累，哀叹了一声便往石头上面坐了下来，县保警本来就不想下乡找麻烦，就学会入乡随俗，敷衍例行公务，避免不必要的麻烦。

平时，黄其邦与周道桓、陈孔扬两位保长保持联系，如果遇到县城保警下乡入村有针对性的搜查，要求乡保丁在靠近村子较隐蔽的地方打响两枪，提示抗日解放军隐藏。当县城保警问为什么要开枪时，乡保丁随口说"发现了可疑的人"。这也是在提醒县城的保警，到先农乡这些背靠后山的村落不是好玩的。在这种情况下，往往是抄一下家，或抓住一些六团战士的家属出村，以便向上级交差。

在首长刘田夫养伤的一个月里，郑宏璋、黄其邦经常入村相见，一方面了解伤愈情况，另一方面请教成立六团今后的带兵管理知识，以及今后的行动方案等。

六

1945 年 5 月初，黄其邦跟随六团政委郑宏璋护送首长刘田夫，率领六团警卫连战士归队，巧妙地绕过岗尾，往河口方向行进。在河口大塘、木头坡、肖背迳、鹤寨等村停留时，郑宏璋、黄其邦等认真地向刘田夫请教，每当到一个新地方时，刘田夫以外地商人身份向村里的老百姓讲述外地抗日的情况，而在内部，就会教他们如何去接近老百姓；如何宣传自己的队伍；如何发展自己的队伍；如何巩固堡垒户；如何建立交通联络的办法；如何应对地方的黑恶势力；以及如何解决部队的供给等，让郑宏璋和黄其邦等受益不浅。

1945 年 7 月间，黄其邦参加中区司令部举办的军政训练班（干训班）。7 月 17 日，谢立全率领抗日解放军第一团及第六团一连和干训班战士，在恩平县大槐顶公路边展开对日军伏击战，这是黄其邦第一次拿起枪参加战斗。此场战斗击毙日军数十人，缴获军用物资一批。

1945 年 10 月，恩平县葫底突围成功后，司令部决定各地部队立即回原活动地区，以小股分散隐蔽的形式活动。黄云任一团代政委，带领一团（包括原六团合并过来的部分人员）及干部集训队返回恩平、阳江、阳春三地活动。黄其邦随原第六团战士（含伤员）回到先农乡，担任地方与部队的交通联络任务。

1946 年 6 月黄其邦等人护送罗杰、钟景宏、欧圣聪、黎光、黄行等最后一批人员参加北撤，待罗杰等人在中山坐上前往香港的船后，黄其邦等人已原路返至高鹤县，因时间已超过 6 月 30 日，国民党开始全面封锁所有道路关口，黄其邦等人因路费所限，无法回阳春，只能凭记住的交通联络点就地寻找新高鹤游击队。历经近一年在异地山区艰苦的周折，终于在 1947 年 7 月参加了新高鹤游击队。而罗杰等几位北撤人员因迟到，未能随队北撤，只能自行返回阳春。

七

1947 年，国民党在全省范围开展大"清剿"行动。黄其邦等人在他乡展开中共地下工作，由于人生地不熟，条件十分艰苦。但黄其邦因记忆力超强，令战友敬佩，很快就与战友们结下生死友谊。1948 年 6 月黄其邦任高鹤合水区委书记，1949 年 8 月任独立营教导员。

新中国成立后，1950 年 5 月至 1951 年 6 月，黄其邦任高明县公安局股长兼公安中队指导员，1951 年 7 月至 1953 年 2 月，任高明县一区委书记；高鹤第六区委书记兼任县共青团委书记；县委宣传部副部长；1954 年 7 月至 1955 年 12 月，在中共粤中区党委宣传部任副科长、科长；1956 年 1 月至 1963 年 5 月，在江门地委宣传部任科长、办公室主任，肇庆地委科委副主任；1963 年 6 月至 1972 年 1 月在惠阳地委宣传部任科长，其中一段时间在五七干校；1972 年 2

刘田夫（中）与黄其邦（左）及其儿子黄宁东（右）合影

月至 1975 年 12 月，任七二一台筹建办主任；1976 年 1 月至 1985 年 10 月，在惠阳地委宣传部科长、地区广播事业局局长、调研员。

1986 年离休后黄其邦曾与其儿子黄宁东一起拜访原广东省省长刘田夫同志，感谢刘省长解放后在百忙中抽空到阳春探望黄其邦的母亲陈日生，可惜陈日生已经不在世。

2012 年，黄其邦因病逝世，享年 87 岁。

2022 年 5 月

红色 "保长" 周道桓

苏 卫　　　周仁创　　　周仁彪　　　周仁基

一

周道桓 1902 年出生于先农乡围仔村一个佃户家庭,祖辈靠租种地主的田地维生。家有姐弟三人,道桓排行老二,村里人称他为二哥。道桓读了三年私塾就因家庭经济困难辍学了。道桓作为长兄,待其弟结婚后分家,主动担负赡养父亲的责任。道桓夫妻勤劳能干肯帮人,每年冬季农闲时,村里周姓本家族无论哪一户要盖新屋都少不了他们夫妻帮忙。无论是在田里帮造泥砖(事先做好一个砖的木框模,然后填上田里的黏土,自然风干),还是砌砖(墙)或上梁等,道桓样样都会。自家里连续降临了三个胖娃娃后,幸福美满的家庭给道桓带来了无限的快慰。

1936 年秋的一天,在先农乡中心小学任校长的堂兄周道庄上门找周道桓,希望他到中心小学(村边的先农庙改建为规范的小学课室)帮忙搞校舍基建,周道桓毫不犹豫地答应了,并将家里的一些事务交给弟弟及村里的堂兄弟周道谋、周道泽等相互帮忙关照。

周道桓和其他泥水匠在校基建时,白天常与周道庄校长及学校的教职员工等约 10 多人一起吃饭,大家关系非常融合。

1937年底，周道桓再次回中心小学作屋瓦面翻修，认识了郑宏璋、邓泰升等老师，每次与他们交谈，都得到两位老师的尊重。周道桓觉得自己是个低微的农民，在此之前几乎没有过如此的礼遇，顿觉自己很荣幸。后来他到别村承接盖屋工程时，时常会将两位老师所谈的话题用自己的语言讲述出来，使不少农户对外面的事情有所了解，增加对中心小学两位和蔼的本地老师的钦佩。周道桓也常教育自己的搭档，做人要诚实，做事要尽心尽责，盖房子不能偷工减料。因此，周道桓无论走到哪条村盖房子，都很受欢迎，且不少人还叫他讲故事。

二

1938年寒假，周道庄回家，邀请道桓到家里聊天。那时道桓称道庄校长为"乡副官"，两人见面也同往常一样有说有笑。谈话间，道庄笑着问道桓："给个小官你当，怎么样？""有那么好的事？"道桓怀疑地反问。"是真的！当五保的保长，愿意吗？"道庄说，"没问题！"道桓满口答应。不久道桓被安排到春城集训，然后很快就回乡上任了。

1939年寒假，周道庄回家，又找到周道桓，问他当保长的感受。道桓直言，以前他很反感地主收租"大头小尾"（小斗量出，大斗量入），很不公平，现在当保长还带乡丁去维护这种不公平现象，觉得违背了良心。周道庄委婉地说："现在有一种力量是专门推翻这种社会制度的。""什么力量？讲给我听听。"道桓急切地问。道庄接着说："你不是想去打日本鬼吗？现在共产党敢于站出来打日本鬼子，改变旧中国，不就可以解决平等的问题了吗？此事只要你答应不对任何人讲，我就带你去见郑校长问问他。"道桓听到可以见郑宏璋校长（屯堡小学），心里既高兴又释然，忙回答："很好，很好！保证不会讲。"

1940年2月11日（农历正月初四），郑宏璋、周道庄在先农乡中心小学（设在先农庙）秘密举办建党学习班。先农乡围仔村农民周道桓，沙田垌村农民邓水生、邓伙来，岗尾乡农民李宗橄等，以春节探亲为名进入先农庙，关起庙门，进行为期3天的学习，然后填表宣誓加入中国共产党。

不久，郑宏璋安排周道桓、邓水生学会做党的隐蔽工作，不参与党组织的公开活动，也不能对外人表态，尽可能保持单线联系，特殊情况经批准可通过周道桓与外线人员转接（联系获取信息）。

三

1941年，为了便于中共阳春分委活动，郑宏璋把在龙塘山坡建新校舍的真实意图告诉陈奇略书记。经陈奇略、郑宏璋、周道庄商量安排，选择周道桓带着基建施工人员接受关永（阳江人，工程承包商，中共阳春分委机要交通员）的安排，为屯堡小学新址进行基建。

1942年至1943年，先农乡的三个保（第五保、第六保、第七保）全力推动"二五减租"运动。当时三个保都由共产党组织控制，周道桓任先农乡第五保保长，邓泰升任第六保保长，陈孔扬任第七保保长。他们为后来打击地主的双头租起了重要作用（一小斗种每年交两担租谷）。当时，一担（大斗）租谷相当于市秤130多斤，最高的相当于150多斤。农民耕地主的田地，除了交双头大斗租之外，还要将租谷送到地主家里。在高租重债压迫下，农民生活十分贫困。在中共阳春分委负责人郑宏璋（当时陈奇略已调离阳春）的发动下，利用国民党参政会通过实行"二五减租"的条文，三个保坚决实行"二五减租"政策。

秋收后，先农乡长寨、三岗山，龙塘、土地面、板桥岭、山口、鸭寮岗、那魁、善田、鹤垌、围仔、平山坡、沙塘岗等村农民，向来催收租谷的地主声明，按政府"二五减租"法令的规定交租。由于先农乡副乡长郑宏璋、周道庄等人组织了三个保40人的武装壮丁队做农民的后盾，保护交租农民向地主开展减租斗争，得到了当地农民的赞扬，为后来建立红色游击区打下了扎实的群众基础。

四

1944年，根据中共中区特委的指示，阳春分委郑宏璋安排周道桓、邓泰升、陈孔扬三位保长配合周道泽（周景光）、邓泰威、陈功（陈昌寿）、郑宏湘、郑雄等人（10月，陈庚、陈明被抽调到高明县参加抗日队伍）做好各自保内人员思想转化工作，准备参加抗日武装起义。其间，他们常利用假日到道桓家集中，有个别路远的还在其家住上一晚，第二天一起吃完早饭，便以上山打猎为名练习枪法，目的是秘密支持配合谢鸿照、陈国璋、罗杰、陈华森、朱尚绚、黄其邦筹办抗日武装队伍。同年11月，郑宏璋安排邓水生、周道桓筹备建立隐蔽的交通联络人员队伍，当时苏同年纪小（被叫"小鬼"），常在道桓家干些后勤活儿，以及做些转达消息的事。

1945年2月21日下午，黄选盛为了保护村里的群众而不幸被捕，整个武装抗日计划被打乱。黄选盛在监狱受尽毒刑，宁死不屈，严守共产党的机密，不透露武装起义计划和党组织人员的名单，最后英勇就义。

因黄选盛被捕，为防不测，当晚，在屯堡小学任教的谢鸿照、郑宏璋、陈国璋三位老师，以及工作人员邓泰威等 10 多人，要迅速撤离先农乡，转移到阳江县冲口。邓水生、周道桓、苏同等多名交通员接到引路任务后，按多条路线秘密地分散引路，当夜还要赶回先农乡，继续探听风声（消息）。

1945 年 1 月至 3 月初，根据郑宏璋布置：要继续疏通先农乡经漠阳江至马水乡进入西山的通道，要落实在沿江两岸建立秘密可靠的交通联络点的任务。周道桓常与苏同一起找到苏同在马水辣岭村的郑姓亲戚，引见河对岸马水圩附近的岗水各村群众，认识农民黎贤瑶、黎克（后来两人加入了中国共产党，并成立了岗水党小组）等人。他们一起开拓了此红色通道，为黄昌熺带领部队从萌底突围回到先农经此红色通道安全进入西山，为后来先农邓泰坚武工组与马水李培武工队联手打击地方黑恶势力，起到了重要的作用。1946 年春，李培受伤治愈后就是由周道桓利用马水红色通道送回部队的。

五

1945 年夏，周道桓和交通员执行郑宏璋安排的任务，留在先农联络、保护好当地的农民党员和堡垒户，保持与春城刘义兴杂货店和岗尾邮政所李南光的联系。

1945 年底，邓水生接到黄昌熺（当时任一团政委）的命令：安排人员到阳江珠环、双麻、阳春轮溪的轮水、屋面塘等村接伤员回先农乡疗养。周道桓与苏同、邓裕群、顾月娟、李莲英等人，连续数月日夜穿梭在先农至轮溪之间。在此期间，周道桓白天和有关人员秘密走村串寨，与堡垒户商量解决伤员住宿、治疗及安全问题等，在轮溪乡的轮水与堡垒户商量如何安全转移伤员。周道桓还约堂兄周道润到山口庙秘密接伤员回家。道润将伤员交给父母亲倍加照顾，直至其伤愈归队。邓裕群、顾月娟经过这段时间锻炼后，被正式列为先农交通员，且能单独执行任务。

1947年，在国民党实施"清乡"行动中，有些村出现了国民党的奸细，专为国民党乡公所提供中共地下党组织人员活动情况。解放后周道桓告诉孙子周仁创：有一次，苏同在周道桓家商量事情，刚离开村不久，国民党先农乡公所就派人上门把周道桓抓到春城，说他勾结共产党，但没有找到证据。周道桓在狱中通过老乡帮忙传信给家人，亲房们商量把家里的大水牛卖掉，还向堂兄弟们借了一笔钱，通过关系将周道桓弄出狱。此后，上级安排周道桓重点以开展马水乡党的工作为主，便很少回家。周道桓的老母亲病重，也无法得到很好的照顾，直至道桓的母亲去世母子俩也无法见上最后一面。

1947年11月，中共先农乡支部发动农民成立先农乡农民生产自救会，选举鹤垌村谭冬初为会长。周道桓到马水发动黎贤瑶、黎克组织农会和民兵，对国民党进行反"三征"斗争，还送大儿子周安松（17岁）到六团二连梁源连长的手下当一名战士。

1948年，国民党反动势力对游击区进行全面"清剿"，在先农乡增加布置线人。邓水生、周道桓、苏同、顾月娟、邓裕群等交通员已完全暴露了身份，一直被国民党线人盯梢。他们为了完成收集地方的情报和保持接收香港寄来的报刊，以及接应外地派入阳春第六团的部队干部等任务，无法离开先农乡范围，白天串村时都会很危险，晚上基本不能回家住，大多数时间都是在野外过夜。尤其是邓水生被捕后，为了安全，周道桓秘密到了马水，苏同和吴来有（小交通员）秘密到了阳春与阳江交界地双麻村，但为了保持快速传递信息不中断，两人不久又秘密回到了先农乡靠近山口庙的沙塘岗、

山口、鸭寮岗、板桥岭、那魁等村活动。

1949年，周道桓以在马水乡活动为主，全面收集情报配合武工队打击国民党黑恶势力，征粮运送到蟠龙游击区。

1949年10月，阳春解放，周道桓曾担任阳春马水乡乡长。后来因身体原因，离开了工作岗位。老上级郑宏璋等同志经常问候他，还致电阳春县人民政府负责人关照他。时任阳春县县长的温绍銮同志曾三次到先农上门探望。周道桓于1970年病逝，享年68岁。

2022年7月

戎马倥偬大半生　硝烟散尽故人还

——记阳春七星籍革命军人邓泰威

黄巧云

邓泰威抗美援朝
回国时的工作照

邓泰威又名邓颖。曾任北京军区某部师政委、国家民政部军事代表。他经历过抗日战争、解放战争、抗美援朝战争，参加过著名的淮海战役、渡江战役、朝鲜上甘岭战役。他在南征北战、刀光剑影中经受无数次枪林弹雨的考验，戎马倥偬大半生，视死如归，始终坚定不移地跟党走，立下了不少战功，见证了共和国一段战争与和平的光辉历史。

一

1924 年 11 月，邓泰威出生于广东阳春先农乡沙田垌村一户农民家庭。邓氏家族在革命战争年代出了五位革命者。邓家虽然历代种田，但非常重视读书，邓泰威在父母和堂哥邓泰升的关爱下，有幸从小学念到高中。

抗日战争进行得如火如荼的时候，阳江、阳春与全国各地一样，

127

活跃着一批积极投身于抗日的共产党人。邓泰威的堂哥邓泰升是阳春第一个农村（先农乡）党支部的党员之一，兄弟间经常有进步思想交流。在浓厚的革命气氛熏陶下，激发了邓泰威的爱国热情，令他十分向往能投身于抗日革命洪流中。

1943年，邓泰威在省立两阳中学读高二，当时校里有多名中共党员积极分子奉命离开学校参加抗日武装游击队，其中邓泰威所敬佩的好友陈庚、陈明、范林3人率先离开了学校，此事引起了校方的注意。由于邓泰威平日和他们关系密切，也被学校列为嫌疑对象。不久，学校借故把他和另两名尚未离校的同学当作地下"赤色分子"一同开除了。邓泰升得知后，向郑宏璋汇报。离开学校后的邓泰威，在已参加革命的老师郑宏璋和同学陈庚、陈明的引领下，积极参与敌后抗日救亡工作，协助党组织开展先农乡第五、第六、第七保人员的统战工作，从此开始走上革命道路。1945年1月，在郑宏璋、陈庚等人的推荐下，邓泰威加入了中国共产党。

二

1945年3月13日，广东人民抗日解放军挺进阳春先农乡。18日上午，在谢立全代司令、罗范群政委、刘田夫主任的领导下，广东人民抗日解放军向前来包围袭击的国民党阳春联防队300多人进行坚决的反击，为阳春人民起来革命向国民党反动派打响了第一枪。当天下午，在先农乡沙塘岗村宣布成立广东人民抗日解放军第六团，黄昌熺（黄云）任团长，郑宏璋任政委。邓泰威跟随堂哥邓泰升正式入伍，他第一次任职是在六团一连任政治服务员（排级）。从此以后，邓泰威始终在充满硝烟的战场上冲锋陷阵，经历了无数次生与死的战斗考验，并与刘田夫成为战友。

　　1945 年 3 月 21 日，六团成立后的第一仗在犁壁坑打响，邓泰威第一次参加战斗。国民党军妄想包抄驻扎在岗腰梅子根村的人民抗日解放军司令部。六团只有 2 个新成立的连与敌人抗衡，其中大部分都是从未上过战场的新兵。六团探知敌情后，提前占据了犁壁坑有利位置，当敌人先头部队进入六团的包围圈后，双方就直接交火。敌方后续队伍因不明情况，不敢贸然上前支援。六团战士也因作战经验不足，加上弹药不足，双方胶着从拂晓持续到天黑，六团最终以少胜多，击退敌人。同年 9 月，日本签署投降书，国民党想乘机全面消灭共产党，集结重兵企图将广东人民抗日解放军主力消灭于恩平荫底。当时抗日解放军主力正在荫底进行军训，便全力应战（史称荫底战斗）。由于兵力悬殊，邓泰威与战士们分散突围，成功冲破敌军的包围并返回阳春。其后，按上级指示，黄昌熺将突围出来的战士分散在蟠龙、先农一带的堡垒户家中隐蔽起来，实行化整为零的战略措施。12 月，国民党潘立强率部队进驻阳春城，对蟠龙等地进行"清乡""扫荡"。邓泰威跟随黄昌熺、陈庚等已经暴露身份的领导和来自外地的战士驻扎到西山圭岗那柳（当时属云浮的飞地），在深山里砍柴烧炭，靠卖柴、卖炭谋生，每顿以稀粥糊口，生活环境非常艰苦，这样的日子坚持了一个多月。12 月底，严冬凛冽，这支抗敌硬汉子队伍即使是在饥寒交迫的情况下，也绝不屈服于现状。为了求生存和发展，邓泰威和战友们跟随黄昌熺采取了主动还击的战略措施，坚定地走出大山，重回到先农、蟠龙等革命根据地，到农村的堡垒户当中扎根，组织农户多次向国民党反"清乡""扫荡"。

　　1946 年 3 月底，根据中共阳春县委河塘会议决定，在先农乡组建中共阳春一区区委，周扩源（中山人）任区委书记兼组织委员，邓泰威任宣传委员。区委的主要任务是：加强对全区党员的领导，做好根据地的群众工作，护部队分散隐蔽人员的安全，做好战士的思想工作，掌握国民党的动态，确保隐蔽的枪支弹药安全。

三

1945年8月，根据重庆谈判国共双方签订的《双十协定》，中国共产党同意将广东、浙江等八个解放区的抗日军队撤退到陇海路以北及苏北、皖北等解放区。经组织安排，六团的主要领导和已经暴露身份的骨干跟随东江纵队北撤。其中，邓泰威与周扩源、陈明等5人从先农乡出发到香港集中。当时，阳春至阳江的公路因战争完全被破坏，交通瘫痪。而在广东的国、共、美三方代表协商的北撤时间有限，邓泰威等人为了省时省路费，只能靠地方交通员引路，从阳春步行山路到阳江大八乡再到阳江城，在阳江租乘载人自行车到开平三埠，从三埠乘船到澳门，再转船到香港。其间曲折连连，风险重重，但他们总能机智地化险为夷，平安到达香港并找到了党组织。一直在农村从事山区革命斗争的邓泰威及其战友们，从未进过大城市。初到香港，看到大都市灯红酒绿的繁华景象，头脑一时转不过弯来，闹出了一些笑话，给那段艰苦岁月增添了一些开心的回忆。

1946年6月30日，邓泰威跟随东江纵队共2583人从深圳大鹏湾沙鱼涌启航（当地立有石碑为记），乘坐租用的三艘美国军舰北撤，7月5日安全抵达山东烟台。在烟台集训了1个月后，南下到鲁南，广东北

1949年淮海战役结束后部队修整期间，邓泰威摄于江苏徐州敬安

撤人员大部分加入了山东野战军序列。在华东军区（新四军总部），北撤人员被分散安排到山东党校、山东军校等学校接受军事、政治训练，邓泰威被分到华东军政大学。在学习、训练期间，邓泰威也参加了一些战役。如1947年2月的莱芜战役，一举歼灭国民党3个军，俘虏了4万多人，敌军师以上军官全部被俘虏，其中46军绝大部分是广东、广西人。后来部队把这批俘虏收编改造过来，与东江纵队干部一起组织成立了中国人民解放军华东野战军两广纵队，曾生任司令员，刘田夫任政治部副主任。

在华东军政大学学习结束后，邓泰威被安排到华东军区第六纵队（前身是新四军），在第18师（后改称72师）第53团任连级副指导员。此后的30年里，邓泰威除了在南京高级步兵学校学习过一段时间外，一直没离开过六纵队（后改称24军）。其间曾任连指导员、营教导员。

解放战争进入战略决战阶段，邓泰威随部队转战山东、安徽、河南、江苏、浙江等地。1948年底至1949年初，他参加了闻名中外的淮海战役，浴血奋战了两个月，歼敌55.5万人，解放了长江以北的华东和中原广大地区。三大战役结束后，1949年3月，邓泰威随百万雄师过长江，参加了声势浩大的渡江战役，歼敌43万人，解放南京后一直打到浙江，然后奉命回师北上攻打青岛和长山岛。部队才到徐州，据守青岛的国民党军就已闻风而逃，青岛不费一兵一卒就解放了。

长山列岛是个有32座岛屿的海岛，国民党军派出1个海军陆战团固守岛上。长山岛战役是我军第一次渡海作战，虽然我军派出3个步兵团参战，但却是用木船攻打军舰。这场战役的总指挥是许世友将军。时任连政治指导员的邓泰威，是第一次参加并指挥海上作战，他们采取围攻的打法，即一个连十几条小木船，每条木船搭载一个班。1949年8月11日清晨，我军趁敌不备，兵分三路抢攻上岛，速战速决，不到一天就攻下了长山岛，创下了以木船战胜军舰的奇迹，在我军作战史上写下了光辉的一页。接着，部队挥师南下攻打舟山群岛。途中训练水手期间，国民党军因多座岛屿失守，见势不妙，主力自动溃退逃往台湾，我军轻取舟山岛。部队马不停蹄奔赴福建的建瓯、建阳、福州等地修筑公路，为攻打台湾做准备。公路修筑完后，部队奉命北上到杭州嘉湖地区整训了一年。

四

1952年9月，接到抗美援朝的指示后，部队立即开赴鸭绿江边，战士们在火车上度过了那年的中秋节。此时，邓泰威所在的六纵队已改称中国人民志愿军第24军。9月12日，24军经集安进入朝鲜，驻扎在朝鲜东海岸守卫沿山港。1953年1月，24军奉命开进上甘岭战场。"上甘岭"本是朝鲜中部一个只有十余户人家的小村庄的名字，名扬天下的上甘岭战役就是以这个村名来命名的。上甘岭战场地域狭窄，最多只能展开两个营的部队，双方只能采取逐次增兵的战术，一个营一个连，甚至一个排一个班地投入作战。邓泰威此时任营政治教导员。邓泰威到达上甘岭的时候正是冬天，白雪掩盖了战争无情的痕迹。等到春暖花开、冰雪消融的时候，与春天格格不入的尸横遍野、满目疮痍、臭气熏天的景象令人惨不忍睹。在这种生命处于极限、极为恶劣的环境下，邓泰威和战友们一熬就是七个月，既要忍受近在咫尺炮火连天的巨大轰鸣声，每天经受着生与死的严峻考验，又要忍受心理和生理上的折磨。上甘岭战场上最缺的是水和青菜，别看地上的积雪白茫茫一片，收集起来融化成水后，灰色的水里掺满了沙土，令人难以下咽。24 军有很多南方人，习惯每天洗澡，长时间不洗澡，身上长满了虱子，实在忍无可忍，有的战士找来三只汽油桶，盛满积雪后烧热成水，一连人轮流跳进去洗澡，最后三桶水漆黑如墨。有一次向敌人发起进攻，战士们在上甘岭前面的一个山谷里待命。山谷里原来有金矿，战前朝鲜民众在那里挖金矿留下了不少大坑，战争爆发后，这些大坑里堆满了敌军腐烂发臭的尸体。疲惫的战士们一坐下来就睡着了，腐尸上的白蛆虫很快爬满了战士的身体，最要命的是被白蛆虫爬过的皮肤立即溃烂，邓泰威和许多战士们的脖子和双手都曾经遭殃。

1953 年 7 月 27 日，停战协定在朝鲜板门店签署，抗美援朝战争胜利结束。1955 年 11 月，邓泰威随 24 军从朝鲜回国，隶属北京军区，驻扎在唐山市。1966 年，邓泰威随部队到承德，1968 年任团政委，1969 年任师政治部主任，同年 12 月被中央任命为国家民政部军事代表，1974 年底重回北京军区，任师政委，1978 年底离休，定居唐山，颐养天年。

邓泰威从 20 岁投笔从戎后，33 载军旅生涯一直没离开过军营，一直亲临最前沿阵地。他的家庭也是军人之家，结发妻子是他的战友，在上甘岭的一次战斗中，不幸中弹，被打伤了一条腿，伤愈后落下残疾。抗美援朝战火停息后，1953 年 12 月，他们在朝鲜战场上的坑道里举行了婚礼。邓泰威膝下有二子二女，除一女外，其余的儿女包括女婿都是军人。

五

邓泰威一向为人低调，对人和蔼、谦逊，宽容大度，正直善良，敢于伸张正义，不居功自傲，平易近人，乐于助人。体现了一名老党员、老军人高度的责任感和光明磊落的襟怀。

当年，邓泰威所在的 72 师属下的某连有一名排长，湖北人，高中文化，平时爱看书，言论较出位。当时部队里的战士年纪轻轻就闹革命了，多数文化水平不高，对他的言论不理解，认为他在散布反动言论，结果 1957 年掀起的那场反右运动把他定为"右派"。后来他复员回乡，多年以后，年纪大了，生活无着，他到唐山找到邓泰威希望能得到帮助。邓泰威认真研究了历史资料，认为当年定他为右派其实是个错误，虽然当年不是邓泰威定他为右派，无须为此负责，但邓泰威认为，既然知道是错的事情就应该把它纠正过来，不能害了自己的同志。于是，邓泰威明辨是非，勇于负责，四处奔走，终使战友得以摘帽平反，恢复了排级待遇，每月有固定的经济收入，可以安度晚年。

1958 年，邓泰威所在的部队在唐山遵化县建设军用飞机场。飞机场选址隐蔽，藏在山洞里。凿山挖土灰尘很大，一些战士因此得了硅肺，但当时无论是部队还是战士们都没意识到这个问题，没有进行相关的体检。战士们复员回乡后，部分人陆续发病。其中有位家在唐山滦县姓李的战士，回老家后，身体越来越差，无法正常工作，无计可施之际，他几经周折辗转找到老首长邓泰威帮忙想办法。邓泰威带他到专业医院去体检，经检查，医院给他出具了一级残废证明。邓泰威连忙为他办理了住院手续，不仅经常到医院去探望他，还主动联系当地的民政部门为其解决日常生活问题，使他每月能领到 1000 多元的生活补助，夫妻俩的生活无后顾之忧。直到几十年后，该战士夫妻俩仍对邓泰威无限感激："如果当年没有你，就没有我们的今天。"

1978 年深秋，邓泰威离休后首次回阳春探亲。在准备离开阳春回唐山的前一天下午，他打算去探望战友姚立尹。时任阳春县委书记张金盈派时任组织部部长顾明前来接送他。途中，邓泰威向顾明打听："阳春有位1938年入党的叫李丽华的女同志，现在情况怎样了？"顾明说："此人还在，你想见她吗？""方便的话见见也无妨。"邓泰威说。原来邓泰威回阳春前在广州逗留了一段时间，探望了很多老战友，战友们回忆往事时提到了李丽华被打成特务一事，认为这是一宗冤案，善良的邓泰威对她的遭遇非常同情，产生了帮她的念头。当晚8时多，李丽华与战友刘传发一起找到邓泰威。一见面，李丽华就向邓泰威哭诉她的不幸遭遇，邓泰威连忙劝慰她，并对她说：如果有困难需要帮忙的话，可以在第二天早上赶在县政府上班前到政府大院里等他，他会想办法帮她的。第二天一大早，李丽华带着次子和刘传发一道早早等候在县政府礼堂前。此时，有20多位邓泰威的战友也在礼堂前等候，他们原先约好了在邓泰威离开阳春前一块合影留念的。那时，中国正处于拨乱反正时期，刚经历了"文化大革命"的人们都心有余悸，乍一看到被打成特务的李丽华及其家属和被打成反革命的刘传发，大家生怕受牵连，不约而同地纷纷散开，唯恐避之不及。看到这种情形，邓泰威镇定地说："大家别慌，稍等一会儿，我先和李丽华他们合影，然后再和大家合影。"穿着军装的邓泰威毫不避嫌地与李丽华等人合照了一张。合完影后，邓泰威径直到县委书记的办公室门前等候，一见到县委书记立即迎上前去，将李丽华的情况跟他详细说了一遍，并申明个人立场：李丽华是被冤枉的，自己可以写下保证书和委托书，如果有错自己将独自承担一切责任，希望县委书记一定要亲自过问此事，想方设法为李丽华落实政策，摘帽平反。县委书记对邓泰威的正直侠义非常敬佩，爽快地说："不用写保证书、委托书，我一定认真办理此事，你放心。"后来，县委书记派人翻找了大量的史料，还到湛江去外调，终于弄清了事实，不到一个月就为李丽华摘帽平反落实政策了。

邓泰威是个善良热心肠的人，对家乡、对身边的老百姓怀有浓厚的情意。1976 年，唐山遭遇了震惊世界的大地震，而邓泰威一家侥幸躲过一劫。但看到震后满目疮痍的唐山，灾民饥寒交迫，居无定所，邓泰威动了恻隐之心，毫不犹豫地把刚从部队领回来的口粮全送给了街上素不相识的灾民，自己则想法去买粮食吃。由于震后百废待兴，许多物资的供应都不正常，就算有钱，要买日常生活用品还得颇费周折，但邓泰威还是义无反顾地把方便赠予别人，把麻烦留给自己。在国家、群众遭遇灾难时，他以自己的绵薄之力为国、为民分忧解难。

六

故土难离，故人难忘。离休后，邓泰威首先想到的是回到阔别多年的广东寻找、探望战友们，关心并致力于家乡建设，为革命老区的发展繁荣发挥余热。阳春市春城七星板桥岭村有个叫陈朝积（牺牲时称为陈志）的青年，当年参加游击队六团，表现很好，当上了排长。1945 年底，在恩平萌底战斗中，我军被国民党重兵包围，黄昌熺率队伍突围，陈朝积在此役不幸牺牲。后来部队转战南北，村里和当地政府对陈朝积已经牺牲这段历史情况不太清楚，其家属一直没有享受到烈属待遇。陈朝积之弟陈朝贵曾经向有关部门申请将其兄定为烈士，但因未能提供相关证明材料而没得到落实，陈朝贵因此满腹怨言。邓泰威返乡后得知这一情况，一边劝慰陈朝贵少安勿躁，一边尽力帮助他收集、组织相关材料，不仅自己做证，还亲自到广西找到黄昌熺做证。经过多方奔走，有关部门终于在 2005

年为陈朝积烈士正名。

20 世纪 90 年代后期，为铭记历史，昭示后人，邓泰威大力倡议修复先农乡党支部旧址以作纪念，得到战友们的积极响应，并纷纷出钱、出力。2002 年，已 96 岁高龄的广东省前省长刘田夫同志在去世前 20 多天还为旧址亲笔题词；邓泰威和陈庚同志心良苦为旧址撰写对联，黄昌熺同志挥毫书写了该对联。为收集支部的有关史料，邓泰威不顾年事已高和舟车劳顿，四处找寻战友的照片及其个人简历。当年参加北撤的一位战友已过世，其家人都移居美国了，邓泰威花了较长时间才联系到他的遗孀，拿到了他留在世上唯一的一张照片，保存了珍贵的历史资料。在战友们、乡亲们和政府有关部门的大力支持和配合下，2000 年，先农乡党支部旧址按原貌重建，2001 年 6 月，已建好的旧址被定为"阳春市爱国主义教育基地和重点革命文物保护单位"。

20 世纪末至 21 世纪十多年里，赋闲在家的邓泰威不忘造福桑梓。他常回阳春家乡住上一段时间。他非常关心家乡的建设，经常过问七星老家的教育、经济、交通、农民生活等情况。一再强调要重视教育，要保证革命老区的孩子都能上学，并应七星小学校领导的要求，亲自为该校牌楼撰写了对联，还请来黄昌熺和郑锦波同志分别为该校书写了对联，勉励学生们要继承和发扬革命老区的光荣传统，好好学习，长大后把老区建设得更好。

阳春市政府实施村村通水泥路规划，当时七星村委会连接各自然村的路还是沙路，雨天湿滑泥泞，晴天灰尘滚滚。邓泰威觉得，路通，老百姓才能财通。为解决七星革命老区行路难问题，邓泰威积极向政府有关部门提意见，得到了重视和采纳，沙田垌村铺好水泥路后，他又为其他自然村的道路改造而奔走。终于，有关部门投

资修建了七星村委会到沙田垌、围仔、荔枝林等自然村的水泥道。

此外，邓泰威还经常教育村民凡事要以法律为准绳，坚决不干违法的事情，要遵纪守法，不做对抗政府的事。2005年国庆节期间，政府架设电线杆经过七星某村，个别村民极力阻挠，影响了施工进度。邓泰威知道后，连夜赶到该村，语重心长地讲道理、讲法律："当年七星的民众为革命做出了不少牺牲和贡献都毫无怨言，今天架几条电线杆难道还要斤斤计较？老区人民的革命觉悟都到哪里去了？这种对抗政府的行为对得起七星的烈士吗？……"一席话让那几个村民羞愧无言，工程最终顺利进行。

为促进家乡的经济发展，使村民彻底脱贫致富，邓泰威结合当地实际，建议乡亲们充分发挥交通便利的地理位置优势，大力发展禽畜养殖业。邓泰威还开导村民要更新观念，不要死守着本土不放，要多让利给外来投资者，欢迎他们来七星投资建厂，既可以增加劳动就业，又可增加税收，还能带动当地经济发展，一举三得，何乐而不为。乡亲们对邓泰威的谆谆教诲非常信服，对这位德高望重的乡里非常尊敬和爱戴。他率直、真诚、善良、谦逊，没有什么惊天动地的话语，有的是实实在在的行动，他乐于助人而且从不计较得失和回报，不愧是一位可敬可佩的老革命、老党员、老军人！

2012年春天，邓泰威因身体原因离开阳春回到位于唐山干休所的家中疗养。2015年9月，邓泰威获颁"中国人民抗日战争胜利70周年纪念章"。2016年5月7日，邓泰威在唐山病逝，终年92岁。

2022年4月修改

永不褪色的共产党员

——怀念父亲梁源

梁桂珍

梁源在南海舰队时任艇长

一、立下革命志向

梁源原名梁观泉，1925 年出生于广东省中山市（原为香山县）三乡镇。家有父母和两个相差 20 多岁的姐姐、一个比他小五岁的弟弟（健在）。梁源的两个姐姐出生后，其父到美洲中部的特立尼达和多巴哥共和国打工，21 年后才回来，他把积攒的钱存进香港汇丰银行，每隔一段时间就从中山经澳门坐船去香港取一些钱回来帮补家用。梁源小时候生活在一个非常幸福的富裕家庭里，从小学到初中，性格刚强开朗，非常乐意帮助困难同学，学习成绩也不错，不少同学都喜欢跟他一起玩。

1942 年秋，梁源 17 岁，读初中二年级。由于日军侵华战火蔓延到了中山、新会、开平、台山、恩平、阳江、电白等地，日军所到之处，残害老百姓，掠夺资源，燃起了地方爱国学生对日本侵略军斗争的革命烈火。中山三乡中学郑校长受党组织委派，在校园内掀起爱国主义教育热潮，在学生中引起共鸣，梁源与同乡伍沃（伍煜，外号叫"邋遢仔"的同学，后来在阳江麻汕牛场袭击国民党政府的补给电船的战斗中英勇牺牲）积极响应。因学校里出了汉奸，进步学生面临被揭发遭到抓捕的危险，梁源便和伍沃决定瞒着自己的父母，什么东西都没带，按照郑校长所提示的路线，悄悄地上了中山县的五桂山，寻找游击队。为免家人遭受连累，从此以后他正式改名为"梁源"。

二、磨炼革命意志

参加游击队后，梁源的生活发生了翻天覆地的改变。从此没有了往日学校里的琅琅读书声，也没有了父母和亲人的每日叮咛声。他们讨论的是怎么与老百姓接触，或是怎么围剿敌人。虽然战友之间会互相照顾，但是在吃的方面有上顿没有下顿，住的方面基本上每天都要换一个地方，睡觉没有床，许多时候还要在野外露营过夜；穿的衣服很简单，每天都是那一套，而且烂了还要自己补好再穿。梁源和几位刚入伍的新兵没有什么战斗经验，也没有枪，只有一把刀，每次出去执行任务时，枪声一响，都不知道该往哪里跑、怎样跑，唯有严格遵守纪律，服从命令去迎接每一次无法预料的生与死的战斗考验。那时重点攻打的是县内各个区的国民党军驻防据点，或是当地的流氓、地痞及被国民党政府收编的只给番号而不给供养的地方民团（相当于联防自卫队）。

1943年底，因抵抗不了日本鬼子的炮轰和火力进攻，中山游击队（珠江纵队简称"珠纵"）为了保存实力，只能分散撤离。梁源和伍沃等一批游击队员边打边往开平方向撤退，在中山、开平坚持打游击战。1944年，有一次梁源接受一个任务，要把马平送到开平。在去开平的途中经过一个村庄，因早上吃了不卫生的东西，梁源突然吐泻不止，严重脱水，已经奄奄一息了，马平只好让村民用一块床板把梁源抬到了一个牛棚里等待死神的到来。此时，忽然有个村民说鸦片可以止吐泻，若有鸦片就好了。正巧，马平的口袋里有少许鸦片，是从国民党军那里缴获的，于是马平就让梁源吞下了鸦片，梁源很快就没事了，捡回了一条命。后来梁源每次见到马平都会提起此事。

1944年10月，中山五桂山游击队改编为广东人民抗日游击队中区纵队，梁源被编进中区纵队领导机关警卫连，11月又随部队改编为广东人民抗日解放军。1945年1月，广东人民抗日解放军正式宣布成立，司令员为梁鸿钧、政委为罗范群、参谋长为谢立全、政治部主任为刘田夫。梁源跟随司令部及主力一团在高明、鹤山等地开展游击战。同年2月21日，部队400余人拟袭击新兴顽军，被敌人发现，改在新兴县蕉山村休息。2月22日，部队遭到国民党军158师473团包围，在地形极为不利，兵力和武器也相差悬殊的情况下，抗日解放军饿着肚子英勇战斗，顽强阻击，掩护部队机关突围撤退。

三、艰难岁月不气馁

1945年2月22日，部队退出新兴蕉山村战斗后，进入阳春北部茶园乡休整。3月13日，一团派出一个连和司令部警卫连攻打阳江大八圩国民党顽固派据点。因对方早有防备，且有机枪，我方子弹有限，不能打消耗战，因而没有办法靠近，攻打没有成功。为了寻找更好的根据地，部队撤离大八转移入阳春轮溪里（当时也叫轮溪乡，解放初改称轮水乡），再进入阳春先农乡。

1945 年 3 月 18 日，驻扎在先农乡沙田峒村的解放军司令部，被国民党阳春县政府从各方面抽调来的联防队员和自卫队共 300 余人突然包围，代司令员、参谋长谢立全亲自指挥李德胜中队带领战士奋勇冲上七星岭，压制敌方火力，打得敌方四处逃散。七星岭战斗的胜利，威震了整个两阳地区。当天下午，在先农乡沙塘岗村成立了"广东人民抗日解放军第六团"，团长为黄昌熹，政委为郑宏璋。部队把梁源和伍沃及台山籍武功高手李培编入金星队。后改为警卫连，连长为严仕铭，梁文坚任六团政工队队长。

梁源被安排到警卫连后，每人只有几发子弹，枪法好的也只有 10 多发子弹，又因为部队供给问题无法解决，要是主动出击，胜算不大。六团为了开辟新的游击区，分成了好几个战斗小组进入山区。不久在漠南成立了二连，陈良任连长，陈朝波任副连长，姚立尹任指导员。后来被国民党反动势力追袭，被迫通过河口上双下双突破国民党反动势力的包围，再转到八甲仙家洞，最后转移回漠东山区休整。

四、军民鱼水情深

梁源和几名操外地口音的警卫员，因要保护刘田夫以及多名伤员养伤而留在先农乡。李培等因武功较好，被安排在长寨村，离三岗山村最近，梁源等被安排在鸭寮岗村，这是驻守进入三岗山村的重要道路。他们只能在先农乡以打长工为名，相对分散地固定在堡垒户家中干农活儿。梁源被安排在村民何明珍家中，他认了何明珍为契（干）妈。何明珍非常拥护共产党抗日解放军，她每天串门看望部队战士，问寒问暖，生怕他们吃不饱。更可贵的是，每当她在山口庙得到部队要集中的信息以后，她就逐条村去通知战士按时归队，并带人把埋藏的枪支挖出来。

由于鸭寮岗、长寨、三岗山、沙田垌、板桥岭、山口、沙塘岗、白坟、围仔、善田、那魁、平山坡等十多条村群众基础好，组织授意分散居住在附近村庄的第六团战士，要经常到山口庙集中，研究战法。李培、梁源和伍沃已是有三年以上战斗经验的老兵，又有初中文化程度，经常会给大家讲些战例。在此期间，梁源多次跟随郑宏璋、陈功、黄其邦、陈庚、周道泽（周景光）等人出入岗尾进行军事侦察。经过缜密的调查发现：驻岗尾圩的国民党第六区署只有一个联防中队和20多个自卫队员，兵力不足50人。4月28日，郭大同和郑宏璋率领第六团100多人攻打国民党第六区署，开仓放粮，发动先农等乡的农民担粮。何明珍积极响应，并发动本村强壮劳动力参加担粮。有位战士在战斗中受伤，何明珍主动把他安排在鸭寮岗村的屋后山林里隐藏，直至把伤治愈。何明珍还经常冒着生命危险到春城永生堂药店为游击队买药。

有一次，梁源正准备出村执行任务，遇到国民党联防队下乡巡逻检查，何明珍将他藏在屋后山脚下的一个粪池里，再盖上禾秆草。待敌人离开后，何明珍和她的儿子陈杏祥一起把梁源从粪池里拉了上来，满身大粪的梁源冲洗干净后穿上了陈杏祥的衣裤。由于何明珍的事迹突出，她去世时（1971年），阳春县委派人送了花圈，冠以"革命老人何明珍永垂不朽"的挽联，全村人都参加送葬。1945年，经陈庚介绍，梁源加入了中国共产党。

解放后李英告诉孙女吴运香：当年她是先农乡的交通员，与何明珍是好姐妹。有一次国民党乡兵（乡保安队）得知沙塘岗村有六团的抗日解放军，准备组织兵力包围全村，当时陈庚、梁源等第六团的指战员正在李英家准备吃午饭，知道消息后，他们迅速撤到村后面的山林里，正好李英家是在村边，其后面有一个鱼塘与山林相隔，李英就将已准备好的食物，用绳子绑住从窗口吊下到鱼塘边上，让六团的战士游水过来快速取走，避免了一次危险事情发生。不但保护了该交通站点，也保护了李英全家免受遭殃。

有一次，春北独立大队领导派梁源送紧急情报到恩平的广阳支队司令部。由于当时敌军已经进入春湾马狮田"扫荡"，为了慎重行事，当梁源经过郭一烈士家时，正好见郭一的妻子在家，梁源便与她商量应付敌人盘查的对策，郭妻强忍刚刚失去丈夫的悲痛，不顾个人安危，决定配合梁源执行该次任务。她独自一个人在大山的小路上先行，让梁源在后面隔一段距离跟随，目的是为梁源作掩护试探敌情，约定如有情况则以脱竹帽为信号。过山坳时果然有敌人跳出来盘查，她一边对付敌兵的查问，一边镇定地脱下竹帽，跟随在后面的梁源见到信号，立即隐蔽起来。不一会儿，敌人就押着郭妻离开山坳回村让国民党保长审问。梁源因得到郭妻的掩护而安全通过，完成了送信任务。

五、为民战斗不息

1945 年，梁源曾在恩平萌底干部训练班学习过，在侦察和通信方面掌握了不少本领，每次参加战斗都带兵做好侦察工作。在阳春，梁源与他的战友们出生入死，曾参加过许多次大大小小的战斗，如新兴蕉山突围战，阳江大八、岗尾圩、阳江织簀伏击日军（7 月 14 日），恩平萌底突围战，春城蟠龙、春城头堡、轮溪、先农等地的战斗。他的战斗足迹遍及阳春和周边多个县。

1946 年 7 月，由于部队首长及部分骨干已经奉命北撤了，留下的武装人员要在地方隐蔽，化整为零分散活动。从外地来阳春的梁源、阮明、陈来、黄余悦、李培及阳春籍的陈飞等十多名战友随陈庚同志上山烧木炭，自行解决生活问题。在此期间，梁源在陈庚的领导下，始终与地方的党支部联系，研究分析各乡黑恶势力的活动特征及其对策。直至1947年秋，陈庚带领的"烧炭队"在阳春对国民党黑恶势力斗争中，成了骨干力量。梁源后来当了六团二连连长，李培当了马水乡武工组（队）长，阮明当了南在乡武工组（队）长。

1948年4月，鉴于全国解放战争的形势越来越好，春北武工队受陈庚的指派，刘奇、梁源、顾铭等组成武工组进驻茶园乡，加强游击区的工作，逐步扩大游击区的范围。当时正是农忙插秧季节，一直下雨，如果白天上门，村里的成人都在田地里干活儿。如果晚上去串门，村民养的狗会吠，加上到处都是烂泥路走不快，在这种情况下，武工组的同志要想和老百姓见面都很不容易，要想在短时间内开辟发展新游击区，实在是困难重重。后来，他们就主动直接找乡长讲明来意，要求乡长直接找保长出来谈话。如果不按照要求去办，就立即处置。后来乡长老老实实地按部队的意思去办，很快武工组就把各村的老百姓发动起来，本地的黑恶势力也不敢抬头，红色根据地逐渐恢复。

1948年9月，梁源曾配合邓泰坚的武工组，积极参与营救邓水生的行动。当得知邓水生游街后会被押送回先农乡枪决时，武工组立刻组织人力，手拿着枪，不顾一切，冲去施救。可惜因消息传递稍迟，武工组人员还未到达目的地就听到枪响了，此事让梁源留下了终生的遗憾。

六、为党无愧人生

1949 年底，梁源被调到南海舰队服役，当上了海军，曾在虎门炮艇和三亚炮艇任艇长，在南海舰队司令部防化处任参谋。

1962 年底，梁源从南海舰队司令部转业。由于他对阳春七星（解放前为先农乡第五保、第六保、第七保）老区有着深厚的感情，加上在中山三乡已没有直系亲人，因而他向组织提出申请，要求转业到阳春工作，把七星当作自己的第二故乡。

梁源一生为人低调，很重情义。他从不在人们（包括家人和子女）面前炫耀自己的战绩，也不爱出镜，他曾说："每次照集体照，我就会想起那些牺牲的战友，他们本应该是站在我身边的，他们没有领取过一分工资，没有饮过一次茶啊，我现在已经很知足了。"20世纪 70 年代末至 80 年代初，梁源与苏同等几个老同志一起四处奔走，为已被遣返回乡的老战友落实政策、回城安排工作；为堡垒户实事求是做证，使他们可领到一点儿生活津贴。梁源常常牵挂着那些堡垒户，担心他们夏天在田地里干活儿中暑，他曾吩咐二弟从香港买来几大瓶家庭装的驱风油，然后他从医院要来许多小瓶子，将驱风油分装后，送给那些堡垒户。记得我们小时候，家里进进出出的都是那些来春城读书或看病的堡垒户的家人，梁源夫妇都很热情招待。那些堡垒户的家人，都亲切地称呼梁源为"源哥""源伯"，那些曾与梁源出生入死战斗过的战友，每当见面就喊他"老连长"，感觉特别亲切。

梁源一生对党忠诚，乐观豁达。在"文革"时期的一年多里，他虽然被停职，但他始终相信党组织，他利用这段时间几乎能把毛泽东诗词集全部背诵出来；离休后，他每天都去老干部活动中心看书读报，他最听不惯有人说共产党的坏话，他总是站起来与人辩论得脸红耳赤，坚决维护共产党的尊严。

梁源正直无私，生活朴素。他非常反对子女搞特殊化，走后门；按文件工龄规定，组织要提升其工资，他因当时从部队海军转业回来，其工资已经比地方同级的稍高，他就把提工资的名额让给了别人；组织考虑要安排提升其职务，他却谦虚地把机会让给年轻有为的干部。梁源自 1962 年转业到阳春，任阳春县税

梁源在阳春退休时的照片

务局副局长，直至 1985 年离休，他还是阳春县税务局副局长；梁源一生勤俭朴素，直到离世前，身上穿的外衣裤、戴的帽子、盖的被子，都是在 1962 年转业时，由南海舰队发送的。

梁源很有爱心。我经常见他到阳春人民医院无偿献血，我曾问他为了什么？他说为了救人，他还骄傲地说："我是 O 型血，万能献血者。"每当他生病时，他却不肯到医院去，不愿意花国家的钱，只是到家附近的私人诊所打支消炎针，或自费到药店买点药吃。他说："我住院一次的费用足够几个下岗职工一个月的生活费，要为国家省钱啊。"在他去世前的最后几年，在他意识模糊不清的情况下，我们做子女的才能把他送去住院。

梁源于 1985 年离休。2013 年 11 月 23 日，梁源在阳春去世，享年 89 岁。

（作者是梁源的长女）

2021 年 11 月 10 日

军民团结反"清剿"

蔡少尤　　苏　卫

　　1945年10月10日，国民党代表在重庆谈判中，被迫接受了和平建国的基本方针，与中共代表签订了《政府与中共代表会谈纪要》，即《双十协定》。随后，国共双方签订《国共停战协定》。但两个协定墨迹未干，国民党当局就矢口否认广东有共产党领导的部队存在，并以"剿匪"为名，公开向人民武装发动大规模军事进攻。10月22日，国民党第六十四军一五六师师长刘镇湘纠集该师四六七团、四六八团和省保警第八大队及恩平、阳江、阳春、开平等县的保警共3000余人，采取"网形合围"战术，分6路包围恩平萌底，袭击广东人民抗日解放军。解放军打退了敌人多次进攻后，分四路顺利突围，其中原六团300余人进入了阳春县境隐蔽。

　　这么庞大的队伍如何才能避开敌人的耳目呢？部队领导及时作出了分散隐蔽的策略布置：凡阳春籍的战士均回原籍，干部及外籍战士安排到不同的红色根据地。其中，严仕铭、陈明、钟景宏、欧圣聪等前往蟠龙；邓泰威、邓泰升、黄其邦、郑宏湘、郑雄、周道泽等到先农乡；黄行、黎光等去南在乡；黎宗权、柯圣华等前往平坦乡；林方、林举英等回潭簕河政朗村。后来有一部分人员改为跟着黄昌熺（黄云）入圭岗那柳隐蔽烧炭，有一部分战士和伤员留在先农秘密隐蔽和治疗。当时伤员是由邓水生、周道桓等人负责周密组织安排，从阳江双麻，阳春轮溪的田寮、上洒、屋面塘、棠梨根等村的堡垒户家中接回。

邓水生、周道桓等人积极组织先农乡多名党员和交通员秘密地走访各村的关系户，联系安排伤员和外籍的干部、战士分散隐蔽，没文化的战士到富裕家庭当佣工、做杂活儿，有文化的则发挥个人专长从事技术工作。部队医生出身的指导员周扩源、连长黄杰和军医方百里、陈牧丁等由先农乡党员安排到鸭寮岗村隐蔽。当时正好遇到该村陈姓保长的孩子发高烧，病情十分危急，周扩源和方百里前往抢救，通过注射、按摩、吸痰等办法，终于使这位孩子起死回生。过了几天，他俩又救活了一位从树上跌下来已经休克了的小孩，还治好了一位因经期血崩而瘫痪了十年的妇女，令当地的百姓十分敬佩，把他们当作神医来看待。那位陈保长向他们表态道："你们红军随便在我的地头活动，有什么风吹草动我会预先通知你们！"

在此期间，县城的联防队经常到先农乡、蟠扶乡"清乡""扫荡"，每次行动，我们的堡垒户（已经安置了游击队员）总能事先知道消息，做了隐蔽，让联防队老是扑空。陈杏祥（现还健在）回忆：有一次梁源接受任务，何明珍（梁源的契妈）在前面掩护引路，刚走到村边屋后山脚下的一个粪池边，发现国民党联防队和几个乡丁迎面而来，何明珍机警地叫梁源跳下粪池里，然后再盖上一些禾秆草，敌人离开后，何明珍和她儿子陈杏祥一起把梁源从粪池里拉了上来，梁源满身大粪，冲洗干净后，穿上了陈杏祥的衣裤。

因国民党阳春保警在先农每次"扫荡"都无结果，后来，他们一怒之下，就想方设法到已经暴露身份的黄昌熺、郑宏璋、严仕铭、

邓泰升、陈功等家庭再次去抄家，甚至抓家属去坐牢，企图引出共产党人，恐吓老百姓，瓦解人心。

为了把分散工作做得更彻底些，上级党组织还通过统战关系，安排周扩源到轮溪乡的新墟仔挂牌当医生，让方百里改名司徒芳前往阳春城担任职业医生。

黄昌熺带领黎明、陈庚等 70 多人经石碌进入西山那柳、茅田，通过当地的乡绅罗开炎（焰），把部队人员安排到农场的山寮居住，日间伐木烧炭，持续隐蔽了一个多月。后来黄昌熺的身份因遭到通缉而完全暴露，他便带领短枪组十数人，往来于马水、先农、蟠龙、西山之间，联系分散在山区的部队人员开展工作，以六团的名义向阳春的统战对象寄发反对内战、实现和平民主建国的信件，宣传共产党的主张，同时直接派人开展一对一的统战工作。在整个隐蔽期间，由于地方的党组织能依靠群众，积极开展统战工作，因而在阳春的 300 多名抗日解放军战士安然无恙。

2021 年 8 月

血雨腥风斗顽敌

蔡少尤

一

阳春革命烈士纪念碑具有缅怀先烈、发奋图强、继续前进的重要意义。仅在抗日战争、解放战争中，牺牲在阳春各个战场的革命烈士就有 151 人，还有尚未能记录在案的英烈难以统计。如 1945 年 3 月在先农乡成立广东人民抗日解放军第六团后，先农乡籍的一部分青年（乡自卫队人员）被安排到第一团，他们随一团转战的地域几乎是整个粤中地区。他们的光辉业绩一直铭刻在人们的心里。

抗日战争胜利之后，国民党企图继续实行一党专政，维持和恢复其在全国的统治地位，一意孤行要消灭中国共产党及其领导的人民武装。在美帝国主义的支持下，他们一手策划反革命内战，一手玩弄和平骗局，欺骗百姓，不断制造白色恐怖迫害共产党人，给社会带造成极大的恐慌。阳春的国民党保警亦步亦趋，对国民党政府的指令唯命是从，挑起了一次又一次下乡搜查共产党员的行动。

1945 年 5 月 27 日，国民党广东省政府电令阳春县县长陈启钊，贴出报告悬赏捉拿广东人民抗日解放军第六团的阳春籍共产党员、革命战士，迫害其家属，查抄封屋，没收田地屋契及家财，提出悬赏价格：黄昌熺（黄云）10万元，郑宏璋、朱尚绚各5万元，陈明、关尤励、郑宏湘、郑雄、周道泽、黄其邦、邓泰升、陈庚、陈功、严仕铭、鲁焰各3万元，朱存、朱秋、朱普各1万元，并把这个悬赏报告刊登在《阳春日报》上。

二

所谓赏金，全部要由被通缉者的家属支付。黄云在春城西门街的房屋被钉封，田地、房产契据被没收，母亲被赶出家门，只能辗转在亲友家中躲避；黄云为了革命，长期不能与生母杨卓生见面，只好把她迁到广州的朋友家中避居，使他的母亲一直没能回阳春。郑宏璋在先农乡的房屋被捣毁，其家属只能逃到山林中生活。家在春城的被悬赏通缉的党员，家家处境悲惨：鲁焰大哥鲁延兰被捕，鲁家被查抄家财，出卖田地，仍然筹不足3万元，国民党又抓捕其大哥大嫂，查封其米店勒索其财物，鲁焰的母亲和大嫂张泽群都因重病无钱医治而悲惨地死去，鲁延兰出狱后被迫卖掉女儿逃难到开平。黄云的大舅游乃光也被逮捕，要上交3万元罚款，只得卖掉田地抵偿。陈庚、陈明的兄长也被捕追索赏金，其情凄惨。

国民党保警进入阳春先农乡根据地"清剿"，查抄了六团一连司务长邓泰升在沙田垌村的房屋家财，妻子及两个幼儿被抓入县城监狱，两个幼儿被迫害惨死狱中。邓泰升闻讯，激愤地写下了一首革命诗篇：

革命英雄志气周，五湖四海可遨游。

埋骨何用家乡地，马列事成意愿酬。

忠心立志为人民，舍掉家庭当点尘。

何惜妻财儿女丧，唯存革命乐终身。

国民党军到鹤垌村查抄了六团战士陈功的家财，把陈功年轻的妻子抓去，陈妻背着8个月大的女儿陈小燕被押到白坟村郑宏璋家门前示众。两天后，又被押往春城监狱。国民党保警还查抄善田村六团战士韦越的家。到轮溪乡屋面塘村"清剿"，把六团参谋朱尚绚的房屋捣毁，家财耕牛被劫掠一空，朱存、朱秋、朱普等家均被抄没，又深入蟠龙山区抢走严仕铭家一头大水牛，并钉封了房屋。

三

群众向国民党蟠扶乡乡长陈国福转达六团团长黄云对他的口头警告："你敢封严仕铭的屋，你在扶民的家也跑不了，搏（拼）了你算了！"陈国福立即写了8个字回条："容而不通，避而不抗。"并赶紧解开了严仕铭家的封条。国民党兵到大滑村"扫荡"，揭了六团战士张致钿家的屋瓦，要群众指认张致钿家的牛，群众不肯，国民党军就拉走了全村14头耕牛，但之后乡公所人员害怕抗日解放军和群众，只得把全部耕牛发还给群众。国

图为粤中纵队老战士代表参加阳春东湖革命烈士陵园奠基典礼

民党保警凶残烧毁了发王坪村的全村房屋，周围村庄的群众就合力同心把这条被烧毁的村庄重新建了起来！敌人迫害越大，革命群众的反抗越大。最后连蟠扶乡的乡长陈国福也灰溜溜地辞职不干了。

　　阳春人民在抗日战争和解放战争时期所作的艰苦卓绝的革命斗争，将永远铭刻在人们的心里！在战争中不幸牺牲的烈士永垂不朽！

2021 年 7 月

风雨中的并蒂莲

——李培、顾月娟夫妇的革命故事

李建才　　李碧珠

李培、顾月娟夫妇青少年时代走上革命道路，在他乡相遇相识相爱而结成志同道合的夫妻。两人相濡以沫，在风雨如磐的年代甘愿把自己的青春和未来交给党，交给人民，从不后悔。李培临终时吩咐儿女，要把两老永远留在阳春（第二故乡）七星岭这片异乡的红土地上。

李培同志照片

一

李培1926年出生于广东省台山县三八镇，是家中7个姐弟中的唯一男丁。李培的父亲是旅美华侨，他自从有了这个儿子李培，满心欢喜，他认为终于可以延续家业了，这是旧中国家庭根深蒂固的封建传统观念。

李培从小聪明伶俐，且一直跟随武术师傅习武，顺利完成了小学阶段学业后，他到台城师范学校读书。其间，学校经常有老师和学生组织抗日宣传，还到街上人群集中的地方派发传单，整个台城抗日浪潮高涨。在这抗日洪流中，受校长李儒碧进步思想影响，

1942年，年仅16岁的李培放弃学业，毅然跟随校长参加了革命，成为广东抗日队伍——珠江纵队一名战士，同年光荣加入中国共产党。从此以后，李培与其父亲的愿望背道而驰，无缘于家乡安稳的生活，远赴他乡走上了革命道路。

李培思维敏捷，身手不凡，不怕艰苦，颇得领导欣赏。在国共合作时期，被秘密派往南京国民党司令部属下训练队授训警卫员，当上了授训班班长，受到严格又系统的训练。执行秘密任务完成后，他顺利回到珠江纵队，成为队伍中较为了解敌方内情的战士，且练就了一手百发百中的好枪法。

1944年，李培和战友们随部队挺进粤中，在台山、开平、恩平一带开展革命活动。1945年1月底，李培被编入广东人民抗日解放军司令部直属队，跟随梁鸿钧、罗范群、谢立全、刘田夫领导的部队，继续向西挺进，扩大粤中抗日游击区。1945年2月22日，在新兴县蕉山村战斗中，李培和来自中山的梁源、"邋遢仔"（伍沃）等，重点保护首长调动主力队伍安全转移。

1945年3月13日，部队来到阳春先农乡五保、六保、七保管辖范围（现在的七星村委）。3月18日下午，司令部在先农沙塘岗村宣布成立第六团，李培被正式编入六团的团直属金星队（警卫连）。从此，李培与阳春结缘。10月，部队在恩平萌底休整期间，李培参加了萌底战斗，并且在此次战斗中腿部受伤。11月，当部队撤到轮溪乡时，他留在屋面塘村交通员家（堡垒户）治伤，因此认识了被组织临时从先农派往轮水照顾他们养伤的"护理员"顾月娟（后来成为交通员）。顾月娟是顺德人，被卖到先农乡沙田垌村当婢女。两个外地人在阳春相遇，年纪相仿，语言相通，很快就互生了爱慕之心。李培伤愈后回到部队。1946年6月，李培跟随陈庚护送黄昌熺到中山前往香港（准备北撤）。而顾月娟因与该堡垒户关系很好，堡垒户认顾月娟为契女，直到解放后仍有来往。

二

1946 年 6 月底，部队主要骨干力量已经北撤，原六团不少人需要复员返乡，革命处于低潮时期。留下的武装人员，包括外籍过来阳春的战士，有李培、梁源、阮明、陈来（尹炳根）等十多名同志，属于在敌后中微弱的革命火种，需要暂时分散到地方的群众中隐藏。李培、梁源等坚定地跟随陈庚同志上山烧木炭，自行解决生活问题，求生存。在那最艰难的岁月里，何时能走出大山无法预知，但当时大家只有一个信念，依靠党组织，团结在陈庚同志的周围，甘愿同生死共患难。为了生存下去，大家必须想办法解决队伍中的供给问题，还要认真研究灰色斗争策略，如何成立武工组，走出大山，发动群众，进行"小搞"，迂回开展两阳武装斗争。1947 年 8 月以后，在"风、雪、夜、归、人"5 人小组的领导下，对敌斗争有了新转机，两阳武工委派李培、梁源等十余人的武工组，经常在轮溪、岗尾、新圩、先农、马水等乡进行游击活动（当地老百姓称为"走山区"），坚持保护群众利益，做乡政府人员的统战工作。

攻打石柜顶（今合水镇留垌坳）据点一战。六团领导派李培协助郑文率武工队（这时李培是六团直属武工队长）和马狮田民兵 30 多人，深夜突袭石柜顶据点，经猛烈射击后，同时开展政治宣传攻势，国民党兵（自卫队）动摇，全部愿意投降，班长练十二拒降，众乡兵把练十二捆绑起来，开门缴械，缴获长枪 20 多支，驳壳枪 2 支，平毁了石柜顶据点，处决了练十二。

1949 年春，六团团部直属队的李培武工组直插河西平原的盘石乡三丰、田坊头和崆峒乡上下石角、黄竹头、合岗、九头坡等村庄活动，组建河西武工组，并北上活动到龙湖乡的更古坑和高南乡南部一带至阳春解放。

1950年1月30日，匪首蓝清池率100多名顽匪再次围攻三垌乡人民政府。李东泰乡长以党的纪律为保证，组织政府全体人员拿起枪杆子与敌作坚决的反击，从上午坚持到下午。李培在圭岗接到消息后，立即组织人员持枪跑步援救。其本人手持双枪骑上一匹大白马（当时圭岗只有一匹大白马），不顾一切抢先直奔三垌乡政府。那些顽匪见到李培骑大白马飞奔而来，估计增援人员很快就到，便慌忙逃跑了。1951年，国民党残兵在司令叶肇的带领下逃窜到西山，负隅顽抗，烧杀抢掠，无恶不作，给当地民众生命财产造成很大威胁。李培临危受命，任第七区（圭岗永宁）区长，专门负责剿匪工作，在南下大军（留下地方参加剿匪的指战员）协助下，经过艰苦作战，把叶肇残匪全部清除，使西山人民从此得到解放。

三

顾月娟1927年生于广东省顺德容奇镇。父亲是容奇镇的"巡城马"，母亲是一名小脚家庭妇女，兄弟姐妹7人，靠父亲的微薄收入维持生计，尽管如此，月娟也度过了幸福的童年。但好景不长，日本侵略中国，顺德沦陷了，父亲病倒了，因无钱医治离世，家庭从此没有经济来源，生活困窘，母亲无法养活这一大家人，只好把最小的女儿顾月娟送人了。后来顾月娟被人贩子辗转卖到阳春先农乡沙田垌村一户富农家里做婢女，历尽生活的艰辛。

1945年初，沙田垌村活跃着一批革命者，有邓泰升、邓泰威、邓水生、邓伙来、邓泰坚等，还有抗日解放军，沙田垌村来往的人很频繁，邓水生家更是一个神秘的地方。顾月娟后来曾对儿女回忆：当年邓水生很忙，他向组织提出有意启发培养本村三位小女子：邓裕群、顾月娟、银水。邓水生需要去城里交换情报时，经常有意带邓裕群、顾月娟、银水（后来退出）一起去，并给他们传授些常识和遇突发事情的应对技巧。

1945年底至1946年初，邓水生安排苏同、顾月娟、邓裕群等到轮溪的轮源、轮水，阳江双麻等堡垒户家中接应轻重伤员，每联系好一户堡垒户，就利用傍晚夜色逐个秘密转移回先农乡调养护理（先农的群众基础好，靠近县城易买药）。这个任务相当困难，许多伤员走路不方便，要轮换背着转移，当时许多村都分散安排了不少轻重伤员。为了要做到及时回避县保警下村搜查，他们每天还要到各村做好信息事先传递，防止伤员被抓住。可想而知，当时交通员肩负着多么重大的护理责任。

1947年冬，邓裕群、顾月娟等参加沙田垌学校陈洪、邓泰坚组织的夜读识字班。不久，在邓泰坚、邓水生等同志的考察推荐下，邓裕群、顾月娟加入了共产党组织。

1948年9月，邓水生同志被捕英勇牺牲后，组织安排顾月娟接受交通站长苏同的领导。解放后顾月娟曾忆述：自从把情报交换点转移到山口庙，她继续担任交通员，负责岗尾、轮水、轮塘、轮源、屋面塘等村送情报及接送伤员，把伤员分散安排到先农的山口、板桥岭、那魁等村的堡垒户家中，负责山口庙交通站与各村堡垒户交换情报，有时送些中药，有时代支付些"大洋"，游击队同志伤愈后，需要回部队时，由顾月娟报告苏同站长，然后秘密安排归队时间和地点。

四

顾月娟是个中共女交通员，个子矮小，常穿着一件不合身的补丁加补丁的旧衣服，不管刮风下雨，或是烈日当空，还是伸手不见五指的夜晚，只要有任务，在路上的一切事情都得自己负责解决。她经常是赤脚穿梭在先农乡、轮溪乡两个游击区的交通线上。解放后顾月娟回忆，她每次接到信件时基本是傍晚，但她不顾一切一个人立即起行，把信件从轮溪乡的轮水村（阳江与阳春交界地）送到先农乡（约4公里山路），实在太晚了就住在堡垒户家。1948年的一天，顾月娟照常很早起床煮了一碗稀粥吃。到了下午，她接到先农交通站通知，要求她送两封卷得像鹅毛筒大小的信，一封交轮水春南区委领导，另一封交游击队领导（武工组）。她接过信熟练地看一遍大概意思后，便藏在身上立即出门了。一路上跋山涉水机警地往前走，好不容易过了大迳村将要到轮水圩（两阳交界地），哪知正走到大桥（通往阳江的公路木桥），迎面遇上国民党的乡保队，当时如绕路走已来不及，要把信件藏起来，这里连小树丛也没有，怎么办呢？她想到临行前领导一再叮嘱，所有信件都是绝不能丢失的，如果信件落到敌人手里，更会危及同志们的安全。于是，她淡定地转过身背向敌人把信件往嘴里一送，吞到肚里，乡保见到是一位瘦小像流浪的女孩，搜身时也一无所获，便放她过关了。

1948年冬，顾月娟住在轮水屋面塘契妈家，有一天天刚亮，她起床出门，习惯性地看看四周动静，竟发现国民党好像已经知道我们部队的情况，派出联防队百多人往尖山方向冲，企图抢占制高点偷袭隐蔽在尖山后山的六团战士。顾月娟心想，这么早敌人来了，如果尖山上的哨岗未能及时发现，岂不是糟糕，几十位同志（其中有数名伤员）岂不是有麻烦了？于是，她不顾自己暴露在敌人眼前的危险，拔腿飞快跑向后山报告游击队。敌人发现了她，在追到相距100多米的时候，敌人几十支枪齐发，她此时正好钻进了密林中，以大树作掩体，敌人的子弹在她身边穿梭而过，但她凭着对尖山地形熟悉，终于躲开敌人火力网，跑到游击队那里报告了敌情，游击队也因敌人向顾月娟方向开枪而提早发现敌情，严阵以待，打退敌人偷袭。

解放后顾月娟回忆：有一次，她送信到先农乡山口村，发现已被人跟踪，她及时向武工组汇报情况，武工组李培等多名人员立即采取应对措施，事先在山口村山边埋伏。顾月娟照常经过岗尾往先农乡山口村送信，那可疑的人紧跟她进入了村中。李培等人迅速分工派人守住村的各个路口（山口村四周是鱼塘，只有三个路口进出村），李培手拿着双枪，沿顾月娟所指的农户家中搜索，那可疑的人紧张地躲藏在一家农户屋的床底下，被抓了出来处决掉。

五

1950年，李培任第三区代区长时（郑文区长派出省城学习），妻子顾月娟跟随他到春湾区府工作。1951—1952年，李培任第七区区长，进入西山剿匪，完成任务后，1952年调到阳春党校学习。整党过程中，李培因受到不公平待遇，一时难以接受，得了轻度精神分裂症。在这种情况下，妻子顾月娟陪同李培回了家乡台山三八镇务农，顾月娟一边养育5个子女，一边参加村里记工分劳动，还要借钱买药给丈夫调理身体，一熬就是二十多年，夫妻俩一直不离不弃，历尽千辛万苦。

1979年，党的路线政策拨乱反正。在原第六团的领导马平、吴子仁同志，战友陈运福、陈洪、梁源、马千里、苏同等帮助下，李培得到平反复职回到阳春县委，享受处级待遇离休（2004 年因病去世）。而顾月娟于 1982 年重回阳春县政府行政科工作，回到这片自己曾为之奋斗工作过的红土地上。2010 年顾月娟因病离世。李培夫妇合葬在他乡（阳春的七星岭），长眠于曾战斗过的地方，成为永恒的并蒂莲。

2022 年 3 月 18 日

李培与顾月娟晚年合照

一位小交通员的成长

苏卫　苏星　苏云

苏同同志照片

一、终生平凡只当共产党人

苏同 1929 年 9 月出生于阳春七星山口村一个贫农家庭，家有父母和 4 个弟妹。解放前因家贫营养不良，瘦弱多病，他身材较矮小，成人时体重不足 50 公斤。但他天生机警灵活，从小就善于思考、低调做人，是一个非常能主动处理事情的人。

抗日战争时期，正在读小学二年级的苏同开始接受共产党人的启蒙。后来，苏同一直从事在阳春先农乡的中共地下交通站的联络工作。1947 年秋，苏同刚满 18 周岁，加入了中国共产党。为了革命斗争胜利，他和战友们无暇顾及个人和家庭的安危，敢于冒险，不怕牺牲，坚决完成任务。解放后，他始终服从组织安排，任劳任怨，曾在先农乡、阳春岗美镇政府、阳江华侨联合会（两阳县时期）、阳春春城镇政府、阳春一中、阳春县档案馆（局）和党史办、阳春信访办（局）等单位任职。

163

二、小小交通员

1943 年，14 岁的苏同已步入少年，他的父亲才让他去入学读书。据说，当年屯堡分校生源较多，新校课室和配备老师不足，年龄大的学生被要求到更远的地方学习，而苏同就到了先农乡中心小学就读。当时他是同级学生中年龄最大的。读二年级时，因中午留在学校，苏同常会利用这个时间协助学校负责司务的邓水生捡些木柴，到河里担水。邓水生见他为人勤快，常会给他一点儿番薯、木薯、小芋头等食物，时间久了，两人就结成了忘年之交。邓水生经常讲述穷人要志存高远的人生道理给他听，要"舍得生命换明天"。堂叔苏成富（烈士）在家时常会讲些外地的抗日斗争故事，让苏同从少年时代就明白要斗争才有好日子的革命道理。经过一段时间的考验，邓水生觉得苏同进步很大，觉悟有很大提高，可以放心让他帮忙做一些地下工作，小苏同在邓水生的培养下迅速成长，成为一名小小的交通员。

1944 年冬，苏同为联络外地前来屯堡小学的共产党人，在山口庙（地标）附近以看鸭嬷、放牛为掩护，以便悄无声无息地接应同志。

1945 年初，苏同从二年级的第二学期开始，就处于半读书状态，即无事就听课，有任务就出去执行。1945 年 2 月 21 日黄选盛被捕后，为了躲避国民党保警和乡兵的继续追捕，上级决定将谢鸿照、郑宏璋、陈国璋、罗杰、朱尚绚、黄其邦等共产党抗日积极分子迅速分散撤离。邓水生、周道桓多名交通员果断地掩护他们离开学校，分多条路线撤离先农乡，巧妙地避开国民党反动势力的视线，直到阳江冲口村集中。

3 月 18 日七星岭战斗打响以后，先农乡和其他地方也发生了多次战斗。每当部队回到先农乡五保、六保、七保地盘休整，周道桓、苏同都秘密联系各村堡垒户，把部队战士安置在自己家和亲房家中，让部队伤员熟悉环境，确保能安全隐蔽。

三、在斗争中迅速成长

1945年11月，原第六团300余人（含伤员）大部分分散回到阳春先农乡，其中有一部分是外地指战员。要做好隐蔽安置，不暴露他们身份，地方党组织压力相当大。苏同和交通站的人员一起按照上级的布置，积极联系各村堡垒户，通过堡垒户的家主联系本村拥护共产党的大户（稍富裕）人家，并且吸收文化程度较低的战士当长工。第一团的连指导员周扩源、连长黄杰等被安排到鸭寮岗村隐蔽，苏同经常到鸭寮岗村的关系户（后来称堡垒户）何明珍家交通联络点交换情报。

1945年12月下旬，黄云带领陈庚、严仕铭、黄其邦、邓泰升、邓泰威、周道泽、郑宏湘、郑雄等六团指战员70多人，在西山隐蔽一个月后，回到先农、蟠龙根据地。在当地交通员的引领下，深入各村与老百姓紧密接触，安抚探望受伤和复员的战友（解放后堡垒户家庭的后人都能讲述当中的故事），巩固1944年推行"二五减租"运动的成果，策划反"清乡"反"扫荡"工作。同时，他们在各村物色培养先进积极分子，作为发展红色堡垒户的对象。当时先农乡已发展多达16条老区村（农民称部队战士为"走山区的人"），这些村的日常联络工作，全靠当地的交通员巧妙地传送情报给团首长。经过他们的努力，使地方的老百姓都得到安全的保护，六团战士和武工队员也可以在先农乡较为安全地休整。

1946年3月，中共阳春县委委员李重民到先农乡鸭寮岗村向党员传达县委第二次会议精神，会议认为一区党员较多，因此批准成立一区区委，由周扩源任区委书记，并要求中共地方组织与部队联系更加密切，苏同等交通员更加主动走家串户，联系堡垒户的工作变得更加频繁。

四、明确使命勇敢前行

1947年秋，陈洪、邓水生同志根据苏同在交通站的出色表现，介绍刚满18岁的苏同参加中国共产党。自此之后，苏同就一心扑在解放事业中，极少回家。他常常跟随邓水生出入春城的洗马街刘义兴杂货店（刘传发家的交通站）及雅铺街永生堂，并经常跟随周道桓到先农乡周边各村物色发展堡垒户、安置伤病员等工作。

当年的通信联络全靠人员直接传送情报，如果稍有差错，就会影响部队整个作战计划。由于交通站人员过于频繁串村，当年邓水生、周道桓和苏同等人，已经被刚上任不久的国民党先农乡保长列为重点抓捕对象。周道桓解放后曾对孙子周仁创说："苏同常会秘密到围仔村我家中商量事情。有一次被线人发现了，并向新上任的乡长告密。乡长派乡丁（保安自卫队）持枪前往抓捕，可苏同已离开，只抓到我并送到春城监狱。我叫亲房帮忙把自己家里的大水牛卖掉，给乡长送礼。乡长以查无证据为由，到上面找老乡讲情，我才被放了出来。"

1947年11月16日，黄群股匪集结在先农乡沙塘岗村，密谋抢劫，残害老百姓。本村李英正好执行任务经过山口庙回到本村，知道情况后，立即找到六团复员在家的郑宏钦，告诉郑宏钦到山口庙找苏同和陈木允。他们两人正好在等待岗尾邮政所李南光的邮件，三人立即商量，分头行动。交通员陈木允和郑宏钦到轮水找武工委汇报，苏同留在路口严密监视沙塘岗村这伙匪徒的动态。两阳武工委知道情况后，立刻组织队伍，迅速走最近的山路前往解决了黄群股匪，有效保护了地方老百姓的切身利益。

五、因势利导确保信息畅通

当时中共党组织的春城地下工作信息，需要秘密收集并与部队联系。这项工作通常由交通员陈轩和梁楚云把信件送到先农乡沙田垌邓水生家，邓水生安排交通员或家里人转送到部队，使活动在春南（漠南）的部队与地方党组织保持经常性的联系；苏同与邓裕群、顾月娟重点负责至轮溪的轮岗、轮水、屋面塘和蟠龙上洒的交通联络。而屋面塘村（一半属阳春，另一半属阳江）、双麻（属于阳江地）交通站一条线直通阳江城的广源店交通站，另一条线通向河口、金堡、阳西织箦邓其峰交通站，联络漠南游击部队。由于这几条重要交通线路，在后期基本上由两地交通员点对点互相联络，保密性极强，一直到解放都是风雨无阻正常运作。

现年（2021年）86岁的吴来有革命前辈回忆：他8岁时，三兄弟随母亲从台山走"日本仔"几经曲折到了阳春，后来与母亲、哥、弟走散了，个人流浪到先农中心小学被祥哥（邓泰升）收留。1948年，吴来有13岁时，就跟着苏同参加中共地下交通站工作，多次到轮溪的轮水和阳江双麻等地传递情报。

1948年8月19日，邓水生被捕光荣牺牲后，上级任命苏同为先农交通站站长（第二任）。当时同在一起被正式列为交通员的有黄自南（岗尾黄村人）、朱权（轮岗村人）、李莲英（鹤垌村）、李英（沙塘岗村接生员）、吴来有（沙田垌村台山人）、邓裕群（沙田垌村）、顾月娟（被卖到沙田垌当婢女）、陈木允（长寨村）、谭东初（鹤垌村）、陈朝新等十多人。当时交通站重新明确任务，要积极向武工组（队）提供或转达消息，对敌人开展"大搞"行动。周道桓经常配枪接受特殊任务，协助交通员与邓泰坚带领的武工组联系，直接与马水片区武工组李培联系。先农乡交通站所负责的主要路线有：先农乡中心小学及各村的堡垒户、春城、岗尾、轮溪的罗山村、屋面塘村（派专人直送河口金旦）、轮岗、扶民、头堡、蟠龙、马水辣岭村、合水南在乡水塘村、留垌村等以及春湾那乌、马狮田，阳江的双麻村都属于先农交通站的联络范围。

阳春先农乡交通站，在抗日战争时期是中共阳春特支（分委）向全阳春乃至对外传递信息的中转站，抗日战争结束后则是粤中纵队司令部往漠南传递信息的重要中转站。为了保持信息的畅通，先农乡交通站始终要求与当地群众长期保持密切关系，而且站内的人员必须党性强、能吃苦、业务素质高，能充分利用"山口庙"这个特殊地标作为转换点，进行信息中转。因此，交通站的转达工作，不管遇到什么困难，内部交通联络始终保持不中断，情报通讯传达畅通无阻，护送领导干部和六团战士往来安全无碍，为解放战争胜利作出积极的贡献。

六、依靠百姓熬过低潮时期

交通站的工作是常年的，是地方武装部队的安全哨岗，也是地方部队是否能有效形成战斗力的一个重要环节。当年的交通员生活、工作条件十分艰苦，不管是烈日当头还是栉风沐雨，也不管是白昼还是黑夜，如有任务都要立即执行。更不允许带衣物出门，而且都是赤着脚板，经常走山间小路，翻山越岭，极少走大路。路远的每次来回路程需要两三天。他们每次回到先农乡后，双脚基本都不听使唤了。路上口渴了就喝点儿山溪水，饿了就在路旁找点儿野果吃，困了就找附近能遮风挡雨的破旧地方过夜。晚上走路更为恐怖，如有月亮光就依靠月亮光，没有月亮光时就只能借用松脂燃烧的光。走山路经常会有老虎和山野豹、野猪、毒蛇等攻击性动物出现。因此，每一次接受任务，大家都需要很大的胆量和勇气，不能有半点儿的迟疑。为了抓紧时间坚决完成任务，他们都必须把自己的生死置之度外。这种前赴后继的崇高理想信念，只有忠诚的共产党员才能做得到。

1948年4月的一天下午，天下着雷阵雨，苏同的堂兄苏绍洲与父亲从岗尾趁墟回来，按往常习惯必到山口庙看看（中共地下工作信息中转点），正好有熟人见到他，向他透露一个不好的消息：国民党保警接到线人情报，要到山口村捉拿他的儿子苏同。苏同当时因长期露宿在野外，全身皮肤长湿疹，体质很虚弱，假如没有亲人相助，根本无法逃脱。苏绍洲跑回村找到苏同后，立即背起他往屋后山的密树林中藏身，随后转到山口村东面附近的大坳村吴昭銮（解放后在七星当村医生）家调养。苏同的17岁小弟（我们叫二叔）因长相很像苏同，也蒙受了牵连。有一次知道敌人来围捕，苏同的父亲背着重病的二子到屋后山的密树林中躲避，不敢外出投医，不久二子在家中病亡。

苏同战友梁源的结拜兄弟、鸭寮岗村陈德瑶（健在）和七星朝阳村（三岗山村）黄昌琏（健在）的父辈回忆：1948年端午节，苏同执行任务路过三岗山村时，被国民党巡查的保警发现了，他立即走进黄其邦家中（当时黄其邦已经随部队离开了阳春），抱着短枪躲藏在床底下，情况十分危险，准备作最后的抵抗。因该村仅几户人家，国民党保警搜着搜着，发现这家俩小兄弟的下屋（隔离屋）正在蒸煮粽子。俩小兄弟交换意见后，当即上前暗示国民党保警过去吃粽子。因为是傍晚黄昏时间，国民党保警头领正好饿了，便带头抢着去吃粽子。但见天色已晚，又恐遭不测，便放弃抓捕离开了。过几天，国民党保警一群人马又路过该村时，因上次没有抓到人，为了解恨，就把黄其邦家的房顶瓦面撬开许多个天窗（该处是当年广东人民抗日解放军政治部主任刘田夫在先农乡三岗山养伤时居住的地方）。

七、配合武工队与顽敌巧周旋

1948年6月，为了迎接全国的解放战争，六团部队番号恢复，针对全国局势采取与国民党顽固势力作坚决斗争的策略：一方面组织安排以陈庚、姚立尹、李培、陈洪、陈运福、邓泰坚等为主，组建多个武工队小组。以陈洪领导的邓泰坚武工小组达40多人，充分发挥蟠扶乡和先农乡在1947年成立的农会组织的作用。此时有民兵429人，"同心组"（秘密农会）760人，主要负责清除整个崆峒、马水、先农、蟠扶等乡的黑恶势力。白天他们派人异地下村假装收废品，了解奸细的活动情况，晚上则专门清除那些奸细，并拔除了独竹庙据点、沙田垌据点等。另一方面利用交通站人员公开活动的方法，把藏在各农村的奸细引出来。先农乡以苏同为首，主动带领交通员活动，引出那些隐藏在各村的线人。有一次顾月娟交通员与武工组配合，引出多次窜入山口村的国民党线人。李培和几名武工组的人员开展全村搜查，将躲藏在农民家床底下的"线人"捉出来，当场处决。

这种针锋相对的斗争在一段时期特别激烈，尤其在1949年初。那时全国各地的解放斗争风起云涌，捷报频传，而地方的国民党反动势力也加强了对地方共产党人的"清剿"行动。据山口村的老人解放后向笔者的四姑说，苏同为了方便治病，在蟠龙等游击区隐蔽了两个月。刚回到家不久，由于别村有一个奸细告密，1949 年 3 月的一天，国民党保警突然进村搜捕苏同，却扑了空。恼羞成怒的保警把全村的成人集中到村头，宣布要抓捕苏同家属。此时，村民关众计的老婆紧紧地拉住苏同母亲的手不放，当国民党保警逐一发问时，她环顾四周乡亲，大声地说："这是我的亲姑姑。"众村民也纷纷做证，苏同的母亲因此躲过了一劫。国民党保警一怒之下，便把苏同家的房子放火烧掉。在此之前的多次搜捕中，都是撬开房顶瓦面，这次却放火烧屋，害得全家无处安身。苏同的几个兄妹因年少尚未懂事，经常要投靠亲房兄弟的家寄居搭吃。

由于苏同身份完全暴露，经过此次事件后，组织研究决定，苏同于 1949 年 5 月至 1949 年 10 月调到轮水屋面塘交通站，担任交通站长职务直至阳春解放。

八、忠诚于党不惧怕安危

苏同参加革命工作几十年，他依靠中共党组织，依靠战友，依靠老百姓，依靠红色堡垒户，完成了一个又一个常人没法想象的艰巨任务。听那些与他一起工作的老同志说，苏同在解放前，为了革命，不知有多少次差点儿牺牲。据李南光的孙子李志锋忆述：爷爷李南光曾留话给李志锋，他曾救过苏同的命。李南光在解放前是岗尾邮政所的领导。1947 年加入中国共产党，负责留意每次香港寄到先农乡的香港日报（内有中共党的消息），实际上他都第一时间秘密收起（不能按实际地址派送），再与苏同联系交接。有一次，岗尾的乡丁发现穿烂衣服的苏同不像是个读书人，怎么会拿到这香港报纸呢？乡丁准备拉苏同回乡府审问，情况十分危急。李南光见情况不妙，立即上前以邮政员身份解释说报纸是自己弄丢的，苏同才得以脱险。

九、为战友复职而奔走

"文革"后，李孔辉任阳春县长时，受许多老同事的推荐，苏同从档案馆（局）调到信访办（局）当主任。从此，他和同事一起按党中央的政策要求，开展排查历史遗留问题，积极地为许多革命战友按当年历史的客观事实，整理修复个人的史料，纠正了不少冤假错案，还当年为革命出生入死的革命前辈清白，恢复他们革命家庭的身份，许多革命前辈恢复应有的荣誉和待遇，按政策复职，帮助他们安置家属子女达 300 多人。

尤其是一些解放前出身地主、富农家庭的革命者，由于他们当年能读书，较容易接受共产党先进思想。他们按照上级党组织的意图，回乡后严格执行中共的战略方针，紧密依靠当地的老百姓，发展革命堡垒户、积极培养农村的农民党员、建立农村党支部、巩固农村红色根据地，作出了很大的贡献。但在解放后因家庭成分问题，或因受党组织委派在敌人内部工作经验不足犯了某些小错误，总有一顶"帽子"扣在他们头上，被打压处分，甚至连累全家。有不少同志全家五六口人被处理回农村，生活无着，只能依靠自己的兄弟或亲戚扶助。那些不是在农村出生的，就留城进行劳动改造，每天担大粪，有的甚至要蒙受更多的冤屈等等。

苏同接受组织的任务后，积极与陈洪、邓泰坚、梁源、陈功等老战友一起，为这些人写了很多信件和整理了很多资料，草拟呈报复职相关文件。一方面广泛联系当年的战友，尽可能如实地还原当年的历史状况；另一方面征求当年六团老首长的意见。他为这批被冤枉的共产党忠诚战士整理修复革命史料等，做了很多事情。

为了尽快把这部分人复职或重新安置的材料送批，他长期坚持每晚都加班加点工作，更没有星期日（单休制时期）。有时候，他们当中不少人曾经多次上门送补充材料，或了解进展情况。因他们家庭生活实在困难，许多都是在农村赤脚步行入城，也没有办法解决午饭问题，干脆就在苏同家搭吃。那时城里人口是按月额定分配粮食指标的，每人按日指标数到饭堂使用饭票去买饭，每餐买回的饭菜量很有限（按普通家庭来说，条件算是较好的了），笔者三兄妹当时尚未懂事，只被允许吃小半碗米饭，其余的都要留给客人吃。笔者爸妈实际上经常遇到中午有人来就没饭吃的情况。兄妹印象较深刻的常客有七星的陈宗怀（木允）、岗尾屋面塘的朱侵几兄弟及台山的李培、顾月娟夫妇、蟠龙的欧英等十多位老前辈。记得春城的鲁世越为了落实房屋政策，从惠州专程回来长达半年之久，也是笔者家的常客。还有黎道雄烈士后代黎新慈、黎新罗两兄弟，他们的爷爷因成分高被打死，兄弟俩从小不仅无办法读书，更是失去了谋生的途径。为求生存，只能分别单身到外地流浪。大哥黎新慈流浪长达二十多年，全国大部分省都到过。黎新罗后期较长时间在我家居住，与笔者成了好兄弟，他结婚也是苏同夫妇为其简单操办。由于苏同和战友们的共同努力，有关部门对黎新慈、黎新罗两位革命烈士后代先后给予照顾安置。

总之，苏同在各个岗位上，任劳任怨，忠诚于党的事业，对人民、对战友无限热爱，清贫一生，从不后悔。

谨以此文对父亲寄予深深的怀念！

2021 年 10 月

先农乡女交通员邓裕群

李爱廉　　李月见

一

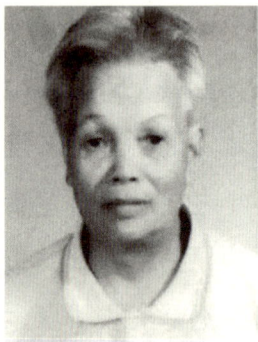

邓裕群（女）同志照片

邓裕群别名箩群，1929 年出生于先农乡沙田垌村（今阳春春城七星沙田垌村）一户普通的农民家庭，家有父母和四个弟妹，世代以租用地主的农田耕作为生。

邓裕群的父亲较为勤快，为了更好地生活，在堂兄弟帮忙下，在山坡垦荒了三亩几分田地，用于种水稻和花生等作物，作为全家人生活粮食的补充。同时，邓裕群的父亲利用农闲经常上山砍柴，每次挑着 50 多公斤木柴，走约 6 公里崎岖小路，到阳春城里售卖，再买些盐和少量日常生活必需品回家。日积月累，家里有了一点儿积蓄，便在村头开办了一间榨油小作坊。

邓裕群的父亲结婚成家时，在家里的四合院中仅分到一间小房间，邓裕群和母亲及几个弟妹一年四季同睡一张床，天气炎热时相当难受。邓裕群排行老大，为帮父母分担家里的劳动压力，从懂事开始就干些力所能及的活儿，学会挑水、做饭、补衣服、收拾柴火等家务，成为家里一个小劳动力。她七岁的时候，有钱人家的孩子已去上学读书了，而她却为了减轻家庭经济负担，已经开始到农田劳碌。春去秋来，她逐渐长大，但因家庭节俭，她身上穿的都是母亲或亲戚给的旧麻衣服（用麻树皮制丝纺织而成的布），不仅不合身，而且是补丁加补丁，但她也舍不得丢掉。虽然生活清贫，但邓裕群性格乐观开朗，经常串门找亲房兄弟，以及年纪相近的帮亲房打工的顾月娟、银水等一起玩。

二

1945年底，邓水生（堂叔）就黄云（黄昌熺）提出安排一些人到轮溪里（相当于乡，解放后改为轮水乡，现在改为轮水村委会）接伤员的特殊任务找邓裕群等商量。因在年初组建成立六团时，她们几姐妹曾为抗日解放军洗衣服和帮忙春米做饭时已经认识黄云，因而她们几位欣然答应。于是，她们便按照邓水生和周道桓的要求，与苏同等人连续数月日夜穿梭在先农乡至轮溪里（乡）之间。他们在先农乡时，就找曾进驻部队的堡垒户商量安排住宿和治疗及安全等问题；在轮溪里时，就找堡垒户商量如何把伤员转移的问题。

1946年秋，因有些伤员已经治愈，需要返队，邓裕群等便按陈庚带领部队预先约好的最近归队地点和时间，引领战士归队。但因当时是反"清剿"斗争时期，大部分战士都是就地隐蔽复员。

1947年，邓裕群、顾月娟正式成为先农站交通员，两人有时分开执行任务，有时需要一起完成任务。在那白色恐怖笼罩时期，两个弱女子，每执行一次任务，都面临着一次生与死的挑战，都是首先考虑如何避开敌人的注意，而又能顺利地完成好任务。那时，先农交通站已经有十多位交通员（相互之间不能过问），邓水生是交通站的站长。邓裕群、顾月娟所走的路线基本上是以当天来回的路程为主，也常有特殊情况需要出远门过夜的。邓裕群和顾月娟每次接受任务，内心非常冷静，经常互相配合掩护，躲过了一个个常人难以想象的鬼门关。

当年，中共地下交通员传递情报工作是相当艰苦且危险的，为了保密，邓裕群从不暴露自己的身份，即使在家人面前也不能泄密。但久而久之，邓裕群的父亲察觉出女儿所干的事情是对的，于是就经常鼓励她，还叫她把自家榨油铺的花生油和家里的大米转送到部队。

三

1947年冬，在国民党兵（联防队）对山区进行大"清剿"行动期间，邓裕群、顾月娟参加了陈洪、邓泰坚组织的沙田垌学校夜读识字班。不久，经邓泰坚、邓水生等同志考察推荐，邓裕群、顾月娟加了共产党组织。

1948年初，交通站站长邓水生经常有意识地带她们到春城"趁圩"，实际上是为了掩护邓水生和周道桓、苏同等人，并熟悉到春城永生堂和刘义兴杂货店等地点，与中共党组织联系，交换情报。同时邓裕群等人进行各方面的心理和技巧训练。

1948年夏，邓泰坚作为先农武工组组长，带领组员40多人，经常活跃在先农、轮溪、蟠龙、扶民、岗尾、马水等地，常与以马水李培、蟠龙严仕郁为主的武工组联手铲除地方黑恶势力。还到合水留垌、春湾那乌及马狮田等地，配合部队反击、牵制国民党联防队的"清剿"行动。那时，傍晚月光下出行在路上的，大多数是武工组人员，因有他们陪伴，邓裕群和顾月娟顿时胆子大了许多，两人为了完成任务，也敢借着月光走夜路送情报了。

当时的交通极为不便，无论到哪里，全靠赤脚徒步。面对国民党政府的层层设卡严密封锁，邓裕群为了保证重要情报安全送达，执行任务时，有时假扮成乞丐到外面讨饭，不管寒来暑往，必须走走停停，哪怕历尽艰险，也要千方百计等待时机完成任务；有时假扮砍柴人，上山穿过猛兽经常出现的七星岭，到达轮溪的轮源和轮水、屋面塘，直接寻找游击队组织。

1948 年秋，邓裕群奉命把一份重要的秘密文件送往轮溪里（乡）的党组织。由于时间紧急，接到任务后，邓裕群什么都没有来得及准备，立即动身向屋后山的七星岭方向，沿着崎岖曲折的小路赤脚前行。当年七星岭通往轮溪里的山路十分难走，不仅杂草荆棘丛生，还有老虎、野猪、蛇、山蚂蟥（山蛭）等攻击性动物出现，相当恐怖（这段山路往常是成群人一起通过）。在行至近轮水圩时，邓裕群远远看见一群国民党乡自卫队扛着枪巡防，迎面而来，邓裕群同时又看到附近路旁有个小男孩在草坡放牛，地上还放着牛嘴罩（用竹篾织成，套在牛嘴上，防止牛吃庄稼的一种篾织品），她急中生智，连忙把重要信件藏在路边的草丛中，快步走到小孩身边，机智地把地上的牛嘴罩挂在自己的背上，接着询问了小孩的姓名和所在的村子后，小声地对小孩说：前面有国民党的乡丁巡防朝这儿走来，如果他们问起来，你就说，我是你的堂姐，牛是堂姐的，你是跟我来这儿玩的。不一会儿，乡丁巡防就来到了小草坡的路旁，看见是个姑娘和一个小孩在放牛，没觉得有什么异常，只是简单地盘问了一下是哪个村子的，便离开了。邓裕群就这样骗过了巡防的乡丁。待乡丁走远后，邓裕群拍拍放牛娃的背说了一声谢谢。然后，取出那重要信件继续赶路。

四

1948 年，由于邓裕群经常出现在先农乡各村庄，引起国民党探子（线人）的注意，被国民党政府列为赏花红（白银）缉拿赤（红）

色共产党人的重点对象之一。1948 年 8 月 19 日，国民党联防队和乡自卫队包围沙田垌村，邓水生为了保护党的重要文件不落入敌人手里，冒着生命危险，不顾个人安危，及时烧毁所有重要文件，可是还没来得及转移，不幸被国民党反动派逮捕。同一天，国民党联防队和乡自卫队也到邓裕群家中抓捕邓裕群，扑了个空，便把邓裕群的父亲邓义盛抓走。邓水生在狱中受尽酷刑，坚贞不屈，不久英勇就义。

邓义盛被关押进监狱一个多月，因年事已高，又在狱中受尽了酷刑，倒在狱中，国民党狱警眼看敲诈不到有价值的东西，便把奄奄一息的邓义盛丢出监狱门口，亲属得知消息，便将其抬回家里治疗。由于身心遭受严重折磨，邓义盛不久就离世了。

五

邓水生英勇牺牲不久，上级任命苏同担任先农交通站站长，继续保持与部队的直接联系，并吸取了重要交通站联络点设在村里极易被发现的教训，把接头地点改在解放军（游击队）经常活动的山口庙，把重要文件分散保管。邓裕群和顾月娟在苏同站长的带领下，除了一直担负着先农至轮溪的轮水、屋面塘联络和到蟠龙上洒交通联络站传递情报工作外，还在先农乡配合安置伤员护理工作，与顾月娟护送伤员到解放军蟠龙医疗站治疗，并学习护理工作。

为了迎接阳春的解放，受组织的委派，邓裕群还积极参与以林茂芬、韦业环为领导的阳春妇女联合会，为部队积极筹集粮食……

岁月无声，往事如烟。老一辈革命同志不畏艰苦，不怕流血牺牲，为革命事业贡献一切的革命精神，将永远激励着后人不忘初心，奋力前行。

2021 年 11 月 10 日

先农乡红色联络点——山口庙

苏　卫

一、咽喉之地

阳春先农乡山口庙始建于明朝，位于今春城西南的七星村委会往岗尾方向3公里，距革命遗址屯堡小学（中共阳春分委旧址）不足500米（解放前因修公路而迁到现在地址，解放后重修），是春城西南门户标志性古建筑，建筑面积为500平方米（解放后被毁，重建时因筹资不足，故把规模缩小）。

解放前，山口庙背丛林密布，因修筑春城至岗尾的春江公路而被砍伐，当时的公路宽度是不足5米宽的沙石路。庙前有条清澈小河蜿蜒而过，经鸭寮岗村边，接通漠阳江，解放前可通舟楫，故山口庙可谓水陆交通便利。加之山口庙处在附近沙塘岗、山口、鸭寮岗、龙塘等村之间的相对中心位置，是春城陆路通往岗尾、阳江的咽喉之道。

因山口庙拥有着得天独厚的有利条件，因而在抗日战争和解放战争时期，被中共阳春党组织充分利用，成了革命斗争的重要情报联络中转站，书写了不少革命斗争的故事。

二、监敌前哨

1940年2月，中共两阳工委召开第二次扩大会议，阳春特支（中共阳春县特别支部）领导按上级指示，决定把工作重点从城市转移到农村，在广大的劳苦大众中广泛建立党支部，与敌人作坚决的斗争。2月11日，郑宏璋、周道庄在先农中心小学秘密召集周道桓、邓水生、邓伙来和岗尾乡李宗橄等，举行建党学习班。3月，阳春特支在先农中心小学建立阳春第一个农村党支部，同时建立岗尾党小组。

上级为切实加强这个新成立的农村党支部的战斗力，以便全面开展工作，特委派梁文坚（阳江人，女）任先农中心小学教师，并参与支部工作。同年，先农党支部发展新党员达10多名（含岗尾乡）。在此期间，设在长寨村屯堡小学的阳春特支机关负责人林克，根据先农乡特殊地理情况和对敌斗争形势，决定由郑宏璋负责与先农党支部联络，并单独直接与林克汇报，李宗望负责先农党支部与春城的联络，李宗橄负责先农党支部与岗尾乡党小组的联络。在那对敌斗争年代，为了安全，这四个人的联系方式，必须形成一个约定俗成、不易被敌人发现的潜规则。山口庙的独特位置被利用起来，李宗望、李宗橄每次要进入先农乡屯堡小学找郑宏璋时，要由山口庙的联络人提供可靠消息，免得白来，也不能随便到处询问人。1942年后，此规则更为严谨，山口庙"前哨"作用更为明显，形成了隐蔽联系的接触点。

山口庙还是中共阳春特支（后来改为中共阳春分委）与中共阳江党组织信息联络的重要交通线路。当年不少外地中共党员派往阳春组织武装斗争，基本是从阳江坐船至岗尾上岸，步行到先农山口庙进行交接，再由交通员引入沙田垌村，才能与部队的党组织联系上，以此避开在春城上岸的严格检查。因此，阳春特支一直把山口庙当作监视敌人的哨所，交通站人员依靠当地群众（鸭寮岗村民），建立秘密的联防机制，严密监控过往的可疑人员。他们通过交通站的人员把消息传达到位于先农乡屯堡小学的阳春分委机关，并利用山口庙这个特殊的地理位置作为中转点，接应上级委派往先农乡支部的外地党员。山口庙成了交通员分发传递信息到各方的集散地。

由郑宏璋亲自布置，以邓水生为站长的隐蔽性强、效果可行的先农交通站，使中共阳春分委机关和中共先农乡支部在那抗日战争时期，始终保持安全的运作，直至解放。

山口庙交通站虽然在革命战争年代起了重要作用，但当年的交通员所付出的代价也是巨大的。当年的小交通员吴来有（现还健在）回忆：先农乡水网发达，在尚未完全修筑好公路时（1939年为了防止日军入侵阳春城，国民党政府下令拆掉桥梁，在公路挖梅花坑），每当从岗尾上春城，往往是走一段路，又要过一个河渡，后来才修了些小木桥。到了先农中心小学往春城路段，基本是沿河边途经沙田垌村、荔枝林村步行入城。而交通员则每天都要在这种情况下往返这段路。

自1944年以来，先农乡的交通联络机构逐渐形成，到1946年，该站已经形成，且发展了十多个交通员。他们接纳伤员时，基本上天天都有人往返于山口庙水网地带交接，且不管在什么情况下都要随时出发，确保把信件（情报）秘密地移交到下一个交通员手上。交通员们不分白天黑夜，靠撑竹排渡过河汊水埒。他们从来都是光着脚板，夏天只有一顶破草帽，雨天只有一张烂蓑衣，烂衣服淋湿了，也要继续穿，渴了饮山坑水，饿了找能入口的农作物充饥，有时是生番薯，有时是野山蕉等。他们每天来往于各个交通联络点及各村的堡垒户中，其大多数的日常生活与野人无异，一年四季无法

在家"团圆"吃饭。他们每次都能做到机警地完成党交给的任务，这种献身于革命事业的精神，是普通人无法想象的。

三、安全港湾

解放后众多解放军和武工组人员忆述，自1948年10月，苏同接任先农交通站站长职务后，注意吸取前人的经验和教训，加强交通站的安全工作，提出交通联络不能直接设在村寨的某个家庭中，要以这个地理位置非常特殊的山口庙为主，做好中共各项地下工作，山口庙成为地下工作的安全港湾。

1. 信息传递中心。交通站人员经常到此处相互传递各种信息。比如要求交通站人员经常到山口庙了解情况，获取各方面信息。

2. 安置部队伤员和归队的中转站。因伤员不是本村人，不能在白天让多人护送入村养伤，容易被人发现。外村人更不能夜晚入村，会引起村内犬吠，更不安全。尤其是在1948年下半年六团的指战员合并了东征部队的战士对国民党兵进行反"清剿"时期，安排入村的伤员较多，而敌人的线人时有出现，这需要附近各村的堡垒户到山口庙联络接受任务时特别注意。距离较远的村寨堡垒户，要与接到任务的堡垒户以亲戚关系进行联络，商量好入村的方法及如何在家隐蔽地治疗伤员，确保部队的伤员和武工组的伤员安全。有的伤员伤口腐烂严重，需要到外面购药，也要到山口庙通过交通员传递信息，委派他人到春城买药回来，节省了交通员进入各村寨找堡垒户的次数和时间，避免外村人经常进寨引起不必要的怀疑。

3. 部队（游击队）和武工组的集合地点。早在抗日战争时期，山口庙交通站已是抗日解放军集中和行军路过时的夜间休息地点。由于山口庙离周围村庄不远也不近，十分方便夜晚召开会议，也十分方便就近迅速集合部队指战员和支持革命的群众。比如1945年4月下旬，为了集中兵力攻打岗尾粮仓，除了派人白天和黑夜进行侦察外，集结的兵力分布到鸭寮岗村、板桥岭村、山口村、沙塘岗村等，在出击时间里，迅速集合于山口庙，经板桥岭村出发。

苏同任站长后，加强了安全措施，部队指战员和武工组人员都习惯在此歇息。1947年底至1949年10月阳春解放，来往春城至岗尾、轮溪、河口等地的武工组（队）、六团解放军，白天分散行军，夜晚经常集中在山口庙休息。支持革命的群众也常会到山口庙来，一来可以打听自己亲人的消息，二来也可以为亲人的战友送些吃的，经常煮些粽子、叶粑等送到山口庙，祈祷家庭成员一生平安。1948年至1949年，邓泰坚带领的先农乡武工组及民兵，配合粤中纵队六团战士，他们在沙田垌村和岗腰的独竹庙等地方活动，经常在山口庙聚集研究行动计划；他们约好时间，常利用临近天黑和凭借月光步行到山口庙集中，会后太晚不能回村寨时（怕寨中狗叫使农户惊觉）只能就地休息，第二天清晨再回村。

4.情报中转站。很多情报都是通过山口庙交通站转送出去，很多境外的情报和资料也是通过山口庙交通站转进来。比如交通站人员与岗尾邮政所李南光（党员）接头，经常把收到的香港日报及时转移至春城和蟠龙游击区。

四、烽火站台

中共先农乡党组织依靠觉醒的老百姓，长期与国民党联防队、乡丁顽强斗争，粉碎了国民党多次大规模的"清剿"行动，保护了一大批共产党人。到1949年初，先农乡基本上每条村都有人参军，没参军的也参加了民兵组织，有组织地开展对敌斗争。在抗日战争

已修复的先农乡山口庙（图片由麦仲提供，摄于2023年）

时期，先农乡中心小学和山口庙是先农党组织有效集结周边村寨的革命骨干力量（堡垒户）、传达共产党的革命思想的中心点。山口庙如同隐蔽的烽火站台，令国民党保警无可奈何。白天，国民党联防队和乡丁（乡自卫队）看不出庙里面有什么活动，即便有活动被发现，我们的哨兵也能及时通知部队，使其迅速分散。晚上，国民党乡丁更不敢随便靠近此地，恐怕中了埋伏，被缴枪，闹不好还会丧命。

在1948年下半年至1949年初，国民党先农乡的各保乡丁经常奉命到各村寨突击搜查围捕部队的伤病员。每当他们出发到半路时，都会有村民及时到山口庙通知我们的同志迅速转移到山上去。

1949年10月21日，南下大军第四兵团右路军第四十师、第四十一师、第三十八师经春湾赴阳江白沙与国民党顽固派残部开战。第一二五团抵达春湾，日夜兼程，水陆并进。消息经山口庙快速传递到先农和马水武工组全体人员，23日上午，解放军在先农乡至岗尾乡、轮溪乡之间，在地方武工组的配合下，兵分多路，把敌军（省保警）分成若干小块，形成包围圈，广东省保警冯思轼加强营1000多人当天被全部缴械。

山口庙这个红色联络点在革命战争年代发挥了不可磨灭的作用。

2021年12月

我在先农的两件往事

——采访革命老前辈梁文坚女士

梁　竹

　　编者按：梁文坚同志，女，1922 年 7 月出生，广东阳江人，1938 年 10 月加入中国共产党，曾任中共阳春分委（县委）妇女委员，两阳抗日武装筹备领导小组妇女部部长，广东人民抗日解放军第六团政工队队长，中共阳江路南区委书记。解放后，曾任阳江县委妇委书记，阳江县妇联主任，广东省委党校教研室副主任，广州市委宣传部理论教育处处长，广州市委党校教务处处长，广州市妇联副主任。2021 年 9 月 14 日，99 岁革命老前辈梁文坚女士在家中接受本书采访组一行采访。

　　2021 年 9 月 14 日下午近四时，在阳春籍革命后代陈立和陈扩的引领下，在广州市天河区一个小区的房子里，我们见到了精神矍铄的梁文坚女士。她的保姆说，听说我们要来，梁文坚女士这几天都在念叨着，她已在等我们多时了。我们眼前这位不知经历了多少风霜，曾出生入死的百岁老人，还是那样的笑容可掬，热情有礼。

一番寒暄之后，老人以深沉的声调说开了："我以前说的都是些让人开心的事，比如打了胜仗，比如阳江城解放，但今天我却要说两件当年伤心的事，也是在你们阳春先农乡所发生的伤心事。"

第一件事：1940年秋，我受党组织的委派，离开了先农小学腾出位置给一位同事（黄昌熺）来学校开展工作，也是为了按照上级党组织指示向农村发展党员，我到了四公里外的上瑶小学（今荔枝林村），以教师身份作为掩护发展党员工作。那间小学建在一个山坡的旁边，学生都是村里人家的孩子，我当时还是一个十七八岁的姑娘，到了一个完全陌生的地方，要发展党员工作是相当困难的。如到有夫妻的家庭会让人家的妻子产生不必要的误会，就算没有误会，那也需要做两个人的思想工作，困难大得多，而且万一有一人不愿意入党而泄露了风声，那就会有麻烦。那地方晚上经常听见老虎叫，黄昏一到，校工就上好门锁以防老虎。有一次有个学生家长来到学校，他家有只狗跟了过来，一会儿就听到狗在外叫，透过学校的门缝往外看，原来是一只老虎进村觅食，那狗见了吓得瑟瑟发抖，连声惨叫，大家都很怕。

为了做党的工作，我只能利用白天空余时间到村中。为了安全起见，凭借教师的身份，我选择了一名失去丈夫的农妇作为发展对象。这个妇女每天很早起床煮粥给儿子吃了上学，生活要比其他人都贫苦。她叫戴许丽，我叫她戴姐，开始以为她生活穷困会比其他人更容易接受道理，起来闹革命，推翻旧制度，但是因为戴姐没上过学，不认识字，不懂得什么是革命，她认为自己生活贫穷，包括丈夫的死，都是命中注定的，作为农家妇女是没有任何办法可以去改变的。我就坚持利用早上的时间到她家，帮她拾柴火，边闲聊家常，多次同她讲许多革命抗日的道理，到了后来，她就半信半疑地答应了，且有时还提出一些问题，让我解释。我为了能证实戴姐是否记在心上，我每天早上到她家聊天时，便问戴姐，我昨天讲了什么？戴姐能全部重复出来。之后，我又动员了另一位也是失去丈夫的妇女，叫冯彩娟，设法让她们找我们的女党员接触（接受考察），因当时先农的党员都是男的，容易暴露我们的意图。所以，我多次为她们安排出春城找李华。

当时本村有一个姓曾的地主见状，觉得我常跑到村民的家中去非常可疑。有一天，他的儿子曾超伟来到学校里，找到我，恶狠狠地把手枪砸在桌子上，大声地责问我为什么老是往穷人家里跑，常从他家门口经过都没有到他的家里去？

我说，我是去学生家家访的，你家里又无人读书，所以没进你家。之后，我把此事向党组织报告了，为了安全起见，很快就将我调离了这个地方。

这两个经我做动员工作同意加入党组织的农妇，后来因我要抓紧时间离开此校，我叫她们以挑柴到城卖为掩护，去春城找党的妇女干部，希望能得到进一步培养。哪知道，她们曾按我说的办法多次到城里寻找党组织联络人，但后来始终没有联系上，她们不知有多伤心！

解放后，我抽空从广州回到阳春，曾亲自去到七星荔枝林村，找寻这两名妇女，想了解她们的情况。可惜，不知是哪个环节的原因，我等了很久，最终还是没有见到她们任何一个，由于我还有其他事情办，只能带着无尽的遗憾离开。这件事麻烦你们帮我打听一下，将我的心意转达给她们的后人。

第二件事：1944年春，放完寒假回校期间，先农小学来了一个操阳江口音姓敖的男青年（据说是阳江平岗某村人），他身材英俊，阳光帅气，热情开朗，他也是上级党组织委派下来的党员，以教师的身份作为掩护开展党的秘密活动。1944年底，我曾回先农屯堡小学见陈国璋，路过先农乡中心小学时第一次见到敖老师，他是到学校任教第二学期，他和我交谈很融洽，自那次我离开了先农之后，就没有他的消息了。有一次，我随部队路过先农乡，曾想再与他见面，可是见不到他了。于是，我向在中心小学附近住的村民打听他的消息，有人告诉我，1945年暑假期间，敖老师在学校留守，没有回阳江，据说他得了重病，没有得到救治，很快在学校里死去，被人丢到学校厕所旁边的荒地上！我听到这个消息十分惊愕，怎么好端端的一个人就这样病死了呢？（据笔者从广州回来后调查得知，那时间，因中心小学和屯堡小学大部分老师转入部队，还有少数老师在校，国民党县政府多次派人来把两间学校抄了个底朝天，曾一度无法开课，附近本地老师在暑假时回家了，敖老师留下来守护学校期间，遭亲国民党的人上门毒打致死。）

梁文坚这位任凭时光过去七八十年，而不知经历过多少次出生入死考验的老人，依然记挂着当年的事情——两个不知姓名的农妇和一个无故死去的青年党员。

梁文坚老前辈一生从事了很多工作，遇到过无数曲折的事情。但她却热爱党，也爱人民，始终没有忘记这两件事，她对来自革命老区的我们讲述当年曾经的往事，她这份对群众的大爱和对党的忠诚，也给我们上了一堂深刻的革命斗争课！

2022年6月

周道庄二三事

梁 竹 苏 卫

周道庄（1911—1971），阳春先农围仔村（今春城街道七星村委会围仔村）人，1939 年加入中国共产党，1940 年 3 月，时任先农中心小学校长的周道庄任先农乡党支部第一任书记。1940 年 8 月，黄云调到先农乡中心小学任教，接任先农乡党支部第二任书记。周道庄则任先农乡副乡长，利用职务之便开展地下党组织工作，先后推荐发展了多名中共党员。后调到春城新云涩垌小学担任校长。解放后被安排到阳春县政府民政科工作。

一、流传在沙田垌的故事

在抗日战争期间，国民党保警经常到革命老区搜查。有一次，要到沙田垌村捉拿共产党嫌疑人。原来想派保长周世英带县保警去的，周道庄知道消息后，认为周世英欠机灵，担心会把事情搞砸，因而自己就以乡长的身份亲自带县保警去。在将近到沙田垌村 2 华里的路口位置，刚好碰见邓伙来和一位伙计迎面而来，邓伙来见乡长周道庄（刚任副乡长不久）便开口问："周乡长你去哪里？"周道庄大声回答他："去捉邓伙来！"邓伙来闻言立即明白有情况，但其他人不认识本人。于是，邓伙来马上暗示伙计悄悄地离开，并迅速

绕道赶回村里通知其他党员和积极分子避开搜查。自己却淡定地与周道庄及保警非常客气地聊起天来，还在过河时帮他们拿鞋有意拖延时间。然后，邓伙来说还要出外办事，便分道了。周道庄也明白邓伙来的用意，尽可能迟些入村。邓伙来从而安全地避过了一劫，保护了村里的党员。

二、敢教老虎让路的人

时间发生在 1944 年冬季。有一天，周道庄和邓水生两人奉命在先农乡各村征集乡绅士的筹款，白天几小时后筹款工作顺利完成。两人在天黑时回到先农中心小学，吃过晚饭，稍作休息。大约在晚上九点钟，两人正在准备趁夜色起程把筹款上缴到春城永生堂药店。此时，甲长周志通赶来告知，国民党保警要在四更天进行"清乡"。周道庄得知情况后迅速做了布置，让大家赶紧撤离。邓水生负责携款，道庄拿住火把负责引路。当两人往春城方向的烂公路（自 1940 年以后，已多年没有车辆行走）走出 2 华里多到了木棉树坎时，突然发现前面有一双光亮的反光白点，周道庄此时判断是遇到一只大老虎挡住去路。老虎张牙舞爪，目露凶光盯住两人。两人迅速后退几米，然后把随身带的大头竹帽往前挡住面孔，尽可能不暴露自己眼睛被老虎见到，又冷静地让火把正常燃烧，当火势小时就赶紧把随身携带的用布袋装着的松香小枝条补充燃烧，绝对不能熄灭。两人还在附近平整的地方点燃一堆篝火，再相互交替着把大头帽像民间舞狮一样舞动着去拾些干柴助燃。老虎大概是被眼前这堆篝火和两人不停地舞动大头帽晃来晃去，弄得眼花缭乱，凶猛的目光开始变得呆滞，更不敢靠前。大概又相持两个多小时之久，老虎便缓缓地走开了，两人就这样逃过了一劫。

这时沙田垌和鹤垌村里已鸡鸣三更，两人估计敌人快到了，不再敢往公路直奔春城，便转回到周志通家，安排周志通想方法拖住敌人，然后两人绕道迅速朝黄村的担谷坳岭方向小跑，沿途经过鹅步岭南尽头的石井湖，两人喝了几口坑水后，继续前进。经过鹅步岭西边的辣岭村，又跑过了长坡村和渡后村以及岗脊的塘面、山角和莲塘几条村，从高朗的犯皇头处出去，终于在天拂晓前赶到春城的永生堂药店。两人把筹款交给了上级负责人，顺利地完成了任务。

三、营救狱中小花

在那白色恐怖下，国民党保警的扫荡日益猖狂，因抓不到共产党人就把其亲属家人抓走。有一次，国民党保警要抓捕鹤垌村的陈功没有得逞，于是就把陈功的老婆和大女儿陈小燕捉进了监狱，因陈小燕生得很俊俏，人们把她称为"监狱小花"。当时周道庄和鹤垌村党员谭东初、沙田垌村党员邓伙来、军田村党员陈文焕商量，拟定了一个营救方案：就是由陈文焕假冒陈功，尽快到监狱把陈功的老婆和女儿陈小燕换出来。然后，再通过陈文焕在春城的亲戚关系，私下买通狱警，以别的理由把陈文焕放出。

此后陈小燕"狱中小花"的美名就一直流传。

编后语：该文由周道庄女儿周秉德提供素材，梁竹执笔，经本书编辑小组按史实整理。

2022 年 6 月

热血丹心跟党走

——怀念我的父亲刘奇

刘良生　　谭柏春

一

刘奇同志照片

刘奇，1917年出生，阳春县春城镇人，年幼丧父，靠寡母帮人家挑水所赚的微薄收入抚养长大，家境贫寒。刘奇从小靠春城刘氏宗祠基金资助读书，他发奋学习，刻苦钻研。1934年初中毕业后，得到"契姐夫"何翰昌老板的资助，入读肇罗阳甲种农业专科学校（高级农校）。在校期间，刘奇除了认真学习农学专业知识外，课余时间还参加了进步学生组织的很多学习研讨活动。1937年抗日战争全面爆发，中共西江各级组织开始恢复和发展。刘奇就是在这样的学习生活环境中，加入了进步的学生运动组织，接触了先进的共产主义思想。

刘奇在肇庆读完书之后，到高要县当小学教师，但考虑到要照顾家中寡母，不久，他回到阳春县，先后在三甲镇、先农乡、岗脊、附城小学等学校任教。

刘奇靠着当小学教师的微薄收入，勉强维持着母子俩的日常生活。在旧社会的县城人口中，年近三十岁尚未成亲的人是很少见的，但他并没有因此而自卑。在从教的路上，他无怨无悔，爱岗敬业，尽职尽责，因而深受学生们的爱戴和同行的赞扬。

1945 年 8 月，日本宣布投降，中国人民热切渴望实现和平民主，休养生息，重建家园。但抗日战争刚结束，国民党即矢口否认广东有共产党领导的部队存在，以"剿匪"为名，公开向人民武装发动大规模的军事进攻，广东的党组织面临着严峻的考验。

1945 年 8 月，根据中共中区特委的指示精神，中共两阳工委在春城镇成立了中共春城工人小组，刘传发任组长。1945 年冬，刘传发根据伍伯坚对学生支部提出"（学校）要在斗争中培养党员，发展党的组织，不能孤立静止去搞建党工作"的指示，主动向伍伯坚提出，先找在附城小学教书的好友刘奇发展党的外围组织，以合法斗争为主，逐步提高斗争水平和群众的政治觉悟，逐步把群众团结在党的周围。经伍伯坚同意后，刘传发鼓励刘奇出面组织春城镇教育会，保护老师权益，团结联络小学老师。

为此，刘奇利用课余时间，特别是晚上的休息时间，到各个教师家中走户串门做宣传动员。在伍伯坚和刘传发的鼓励和支持下，经过一个多月的努力，春城教育会终于在 1945 年底成立。刘奇受伍伯坚和刘传发等人的影响，怀着对革命理想的无限向往，向党组织提交了申请。1946 年 1 月，刘奇经伍伯坚和刘传发介绍，光荣地加入了中国共产党。

二

1947 年 3 月，春城区党组织为了加强对分散在春城及附近区域党员的统一领导，以便与先农、蟠龙、岗尾党支部和马水党小组保持秘密的联系，有条不紊地开展党的宣传教育。因了解到刘奇毕业于肇庆农校，有农业技术的特长，就在国民党政府中通过各种渠道，想方设法把刘奇调到阳春县立农校工作，以教师身份作掩护，表面上是任农场的指导员，暗中却搞刻蜡板、油印传单的宣传工作，还联系春城及附近区域的 13 名党员，按照党组织的部署，开展党员活动。

1948 年 3 月，刘奇因在农校油印传单时被人发现，身份暴露了，党组织紧急通知他赶快撤离，将他调到春南游击区武工组工作。当时，正值部队和武工组开展联合行动，反对国民党的"清剿"斗争，党领导下的武装力量在不断扩大。

1948 年 4 月，两阳特派员李信通过派人侦察获悉，国民党先农乡乡长柯明凤因害怕乡公所遭到游击队（武工组）的袭击，将乡公所搬到距春城南边 4 公里的雷塘村祠堂办公。4 月 6 日晚，组织决定派刘奇带领春南武工组，利用柯明凤不在雷塘村乡公所住宿的机会，夜袭雷塘村乡公所。武工组到达目的地后，刘奇利用师生关系叫新任乡公所队附洪永丰打开了大门，武工组随即攻入乡公所内，缴获乡公所长短枪 13 支和子弹一批。考虑到国民党乡丁（乡自卫队）大多来自穷苦人家，在武工组攻打乡公所时，他们因为害怕，没有持枪反抗，刘奇将他们教育了一番之后便释放了。乡丁们为了逃避追责，走到乡公所后墙外，合力将后墙向内推倒，制造"共军"突然袭击的现场后，便各自逃离。就这样，刘奇带领武工组一枪不发，顺利地完成了攻打雷塘村乡公所的任务。4 月中旬，刘奇被临时抽调到春北武工队，和春北武工队的梁源、顾铭、陈飞等一起，奉命前往茶园乡开展武装斗争活动。

三

1948 年 4 月下旬，为了进一步加强党的领导，扩大武装斗争，两阳特派员李信把东山区地域分为 3 个区委：春中区委，基地设在蟠龙；春北区委暂未组成，基地设在那乌乡马狮田；春南区委，基地设在先农乡那魁村，陈均任区委书记，刘奇任区委副书记，陈洪任区委委员。区委活动的区域范围有先农、轮溪、岗尾、潭簕、新圩、马水及阳江县捷轮乡的高垌、表竹村。区委的具体分工是：陈钧负责区委武装组织工作，武工组有 40 多人，邓泰坚任组长；刘奇常驻新圩乡荔枝朗村和先农乡那魁村负责党组织地下活动工作；陈洪常驻轮溪乡罗山村，负责交通情报工作。

1948 年下半年，国民党潭簕乡乡长黄大波和副乡长林举才组织乡兵（乡自卫队）驻守本乡，他们平日作恶多端，常带领乡兵（乡自卫队）抓捕游击队员家属。12 月中旬，武工组长林方按照春南区委的部署，率领武工组数人，于河政朗村边竹园设伏，击毙林举才。武工组贴出告示公布其罪行，重申游击队对国民党军政人员的政策，警告反动分子不要继续作恶，否则没有好下场。乡长黄大波受到震慑，只好释放被他抓去的游击队员家属，并带着家小逃往外地。锄奸行动打击了地方反动恶势力的嚣张气焰，稳定了局势。

1949 年 5 月上旬，陈庚到春南区委和刘奇以及委员陈洪、朱存共同策划拔除国民党轮溪乡独竹庙据点。16 日，陈庚指挥连长陈来、指导员马洪、副连长洪铁杰带领的太行连（第一连）和中队长朱存带领的春南区中队，夜袭轮溪乡独竹庙联防队，内应陈朝通开门接应，俘获联防队队长黎德流、副队长姚才道等 33 人，缴获长短枪 36 支。联防队员经过教育，19 人参加六团，14 人遣散。19 日，太行连和春南区中队夜袭岗尾圩警察所和联防队，警察、联防队员逃

跑，六团开岗尾乡凉水井谷仓，分粮 200 多担给农民度荒。

<h2 style="text-align:center">四</h2>

1949 年 10 月，阳春解放。刘奇在地方参与清理接管国民党部门的工作。

1950 年 5 月 1 日，刘奇被阳春县人民政府任命为阳春县人民法院院长，后受冲击被免职。1981 年，刘奇得到平反，恢复原职务。刘奇因年事已高，加上身体欠佳，上级组织同意他提前离休。

编后语：本文是由刘奇的女儿刘良生提供资料，经编辑组整理。

2020 年 4 月 6 日

锄奸除恶震敌胆

——记春南区武工队长邓泰坚

梁　竹　　吴其焕

邓泰坚（1928—2018），阳春七星沙田垌村人，阳春县立中学初中毕业后就投身到革命斗争中。1946 年加入中国共产党，1947 年 8 月至 1949 年 10 月，任先农乡党支部委员，春南区武工队长。

邓泰坚同志照片

一、积极开展"小搞"斗争

1946 年冬，两阳武装部队结束了"非法斗争"，恢复沿用抗日战争时期两阳武装部队的番号，公开以"解放军第六团"名义进行活动。

1947 年 3 月，两阳武工委对恢复公开武装斗争的组成形式、发展方向做了调整，一面巩固老区，一面开辟新区。8 月，春城区党组织派在先农乡当教师的陈洪担任先农乡党支部书记。先农乡有党员邓水生、陈功、邓泰坚、周道桓、李杰、谭冬初、陈杏祥等。

1947 年，党组织将邓泰坚调入漠南独立大队搞武装斗争，他先后参加了攻打阳江沙扒、书村、大崔岭等战斗。

1947 年 11 月，先农乡党支部发动农民成立先农乡农民生产自救会，选举谭冬初为会长。武工组组长邓泰坚组织起 50 余人的武装民兵队。相邻的马水乡黎贤瑶、黎克发动岗水各村也相应组织成立了农会和民兵队。党支部领导农民开展反"三征"（反国民党征兵、征粮、征税）斗争。

有一天，国民党阳春县保警派特务毛海以收废品为名，混入先农一带侦察，并向农民打听消息，被民兵发现，报告给武工组，武工组得知情况后，对毛海说有许多旧料卖给他，把他诱骗到一个偏僻的地方，立即抓捕并就地处决。铲掉了国民党的特务，吓得国民党保警再也不敢派外地人单独进入先农当奸细了。

11 月下旬，郑锦波司令员到先农乡白坟村郑宏璋家，召开两阳武工委会议，马平、曹广、陈庚、陈枫参加了会议。以陈洪、邓泰坚为主组织地方武装力量，发动周道桓等交通员对先农进行黑恶势力排查，确保会议圆满成功，推动春南地区选准突破点，进行"积极小搞"，坚决反"三征"。

二、抵制国民党拉壮丁

1948 年 1 月，军统特务邓飞鹏接任阳春县县长后，召开阳春县政府行政会议，积极推行宋子文（时任广东省政府主席）的"绥靖新策略"，抛出了第一期"分区扫荡，重点进攻"的"绥靖"计划。不断扩充地方保安队，拉丁勒索，搜刮民脂民膏。盘踞阳春的国民党反动派秉承其主子的旨意，到处拉丁扩军，进行"清乡""扫荡"活动。一些反动的乡保长便乘机敲诈勒索乡民，以中饱私囊。

先农乡乡队附雷振球意识到这是升官发财的好时机，他带着乡兵到处拉丁勒索。1948年2月的一天早晨，雷振球全副武装，带着七八名乡丁（保安队员），来到先农乡第七保的板桥岭村。该村青年陈杏彩正要出门种地，被雷振球喝住了，乡兵二话不说就上前抓住他并绑了起来。全村顿时变得鸡犬不宁，青年人逃避，妇女们藏匿。村中有一个青年人见状，马上跑去第六保，向在那里活动的春南区武工队报告情况。邓泰坚听了汇报后，马上组织武工队员和青年民兵20多人，兵分两个小组，弓着腰，一阵快跑，到木棉树坎，在上坡处设伏，那里居高临下，斜对面的坎下是一片水田，田左边又是一大片簕冧（簕杂树），是个伏击的好地方。不一会，只见雷振球从围仔村出来，离村口不远处有一座废弃的公路桥，其要从旁边的小路绕着走过，邓泰坚小声命令："让他们前边的过去，集中火力打雷振球！"一会儿，前面的几个乡兵背着枪大摇大摆地走过来，雷振球左手牵着绑住陈杏彩的绳头，右手拿着一把布雨伞。腰间别着左轮手枪，得意扬扬地走着。当敌人进入了伏击圈内，邓泰坚一声令下：打！大家一齐向雷振球开火，雷振球当即身中数弹，来不及拔出手枪便跟跄地倒在簕冧里。几个乡丁闻枪声后狼狈地逃走，陈杏彩得救了。邓泰坚估计雷振球满身血渍活不久……

为了扩大影响，邓泰坚叫群众沿着废公路一边打锣一边大喊："雷振球死了！雷振球死了！"一直喊到雷塘的先农乡公所，故意让消息传到县政府那里。国民党人闻讯大惊失色，第二天上午，国民党阳春县保警派了一个连的兵力，由岗脊登上鹅步岭高峰，朝着出事的方向连续打了几轮机枪，强逼群众到簕冧边将雷振球的尸体抬出来。从此国民党保警再也不敢去先农乡征兵了。

三、拔除国民党沙田垌村据点

1948 年 2 月，李信在先农乡七星岭大坑潘一山寮召开两阳人民武装负责人会议，由杨超传达香港分局会议精神，参加会议的有马平、曹广、姚立尹、杨飞、杨超、陈冬等。会议强调要扩大人民武装队伍，开展"大搞"斗争。

1948 年下半年，地主豪绅勾结国民党政府组织联防队，在春南区的先农乡沙田垌和轮溪乡独竹庙设点驻守。为了挫败国民党派出联防队的阴谋，受陈钧书记的委托，刘奇根据中共春南区委的决定，对武工组的斗争行动做了具体的部署。邓泰坚按照工作部署，带领先农乡武工组经常在先农乡沙田垌村和轮溪乡独竹庙附近的岗腰村等地展开活动。武工组频繁出没，并放出声音说"据点的头目通共"，让据点里的联防队员知道大势已去，惶惶不可终日。

1949 年 5 月，有一次武工组夜行军，意外地逮住了沙田垌联防队员金毛，武工组让他带信给联防队长曾昭伟，要他三天后到田心寨见邓泰坚。见面后邓泰坚对曾昭伟说："作为乡亲，我好言劝你，我与你烟火相连，你要认清形势。从近的来说，先农乡公所乡兵（自卫队）被我军缴了械，七区的反动专员全部被刘其宽除掉了，扶民乡联防队长柯泮也被捕了。从远的说，南京已落入了解放军手中，大军打过长江了，战争很快就打到广东。目前你周边的群众都说你私通共军，整个先农乡人人都知道了，国民党阳春当局不会不知，相信他们不会放过你，请你三思。"

曾昭伟回去后，经过了一番思想斗争，不久他就派人去联系邓泰坚，因邓泰坚另有任务未能见上面，于是就由周道桓到沙田垌接收了该自卫队。周道桓带着这几十名自卫队员进入蟠龙，将他们交给了六团的吴子仁政委。

四、拔除国民党独竹庙据点

先农乡沙田垌的联防队起义后,轮溪乡独竹庙的联防队处于孤立不安状态。不久,六团政治部主任陈庚下到岗尾石头挞村,邓泰坚向陈庚汇报拔掉独竹庙据点的必要性和有利条件,在征得陈庚的同意后,邓泰坚亲自找到舅父陈朝新、陈朝通兄弟商量,陈朝新是当地的老共产党员,而陈朝通在独竹庙联防队当班长,邓泰坚对舅父陈朝通说:"只要半夜一时你带班开闸里通外应,我保证供应你每月八斗米至一担谷,足够你养家。"陈朝通同意了,之后邓泰坚就派了手枪组,潜伏在独竹庙左右门,陈朝通以划火柴抽烟为号,让六名武工队员潜入屋内,控制了队长黎德流和副队长姚才道。在门外等候的队伍乘机冲入营房,大叫"缴枪不杀,优待俘虏!"乡兵们从梦中惊醒,陈朝通点亮大灯,邓泰坚清点人员共38人,前后仅一小时,武工队一枪不发就结束了战斗。邓泰坚带领的武工队,相继将春南两个联防队解决了,出色地完成了司令员郑锦波交给的任务。

五、坚决执行上级的命令

一天下午4时,李培到达春南区找到邓泰坚,两人要在第二天天亮前赶到蟠龙上洒参加会议。郑锦波司令员在会上下达任务:一是对乡里顽固的乡保人员、反革命分子,坚决要杀掉一批,把反革命的气焰压下去;二是对老区驻点的联防队,要逐个相机而行,摧毁一批据点。会后邓泰坚领命只身赶回春南。此时正值国民党军扫荡的高潮,他们威迫村民集体饮血抗共,企图顽抗到底。

国民党潭籁乡乡长黄大波和副乡长林举才组织乡兵(乡自卫队)驻守本乡,他们平日作恶多端,常带着乡兵去抓捕游击队员家属。武工队长邓泰坚、武工组长林方按照行动部署,率领武工组数人,于河政朗村边竹园设伏，一举击毙了林举才。之后，武工组贴出告示，公布林举才的反动罪行，重申游击队对国民党军政人员的政策，警告反动分子不要继续作恶，否则没有好下场。乡长黄大波受到震慑，后来他释放了被抓的游击队员家属，并带着家小逃到了外地。除恶行动打击了地方反动势力的嚣张气焰，稳定了局势。

曾任先农乡教师的特务梁某某，他的月薪达到 10 担米，是一名高级特务分子，也是最狡猾的特务头子，常在老区出没，他见到相识的群众就热情地打招呼，以此来迷惑村民，他还以为游击队不知他的身份。上级指示要尽快除掉这个家伙。有一次，梁某某与武工组不期而遇，他竟向武工队人员招手，被捉拿住。邓泰坚对他说："我黄团长（黄云）离家多年，想见亲人，盼着你的引导呢。"他满口答应，从新圩乡进入先农乡那魁村时，梁某某觉得事情不妥，便请求见刘奇（因梁某某与刘奇曾是同事也是老街坊），可刘奇不但拒不见他，而且催促武工组尽快处理他，于是武工组当夜就把这个特务勒死了。

阳春警察局长柯昌藩让亲信柯某、姚某乔装打扮，潜入先农乡屯堡梁里光保长家中取情报。武工组得知情况后迅速行动把这三人逮捕，在屯堡小学侧公路边从速从快处决，并公布他们的罪状，此举扩大了队伍的影响。另外，对进入我革命老区，以贩猪、贩牛、铜鸡、补锅作为掩护刺探我军情报的特务分子，武工组也枪杀了一批，让敌人失去了耳目。

编后语：该稿资料由邓泰坚的女儿邓海容提供，经本书编辑组整理。

2022 年 8 月 20 日

生命不息战斗不止

——怀念女共产党员陈轩同志

陈　美

陈轩同志照片

陈轩原名陈婉霞，1927 年冬出生于广东阳春春城十字街（今前进街）一个贫苦的小手工业家庭。她参加革命时曾化名陈玉。虽然陈轩是个小女子，但她胆识过人，具有男子汉的气概，阳春解放后，改名陈轩。

一、接受新思想走上革命道路

1943 年秋，陈轩考入阳春县立中学（初中）。陈轩在校读书期间，在同学中年龄稍大些，但她做事敢说敢为，性格爽朗，所以，同学们把她看作可以信赖的大姐。平时陈轩团结同学，在学习和生活上处处关心帮助他们。

在家里，她常和大哥运庆讨论在校听到同学中谈论的话题，如一些进步人物如何挺身而出为国抗击日本侵略军的爱国情怀等，大哥也同她讲一些革命道理，让陈轩内心深处从小点燃了爱国的火苗。

1945 年初，春城学生党支部开展阳春师范和阳春中学两所学校的党员培养发展工作，由于陈轩在校学习期间积极参与自治会工作，追求政治进步，得到学生支部黎新培书记的重视培养。1946秋，19岁的陈轩光荣加入了中国共产党，她心里非常激动，但更感到肩上的责任重大，她告诫自己，今后一定要为党努力工作，哪怕献出自己的生命……

陈轩中学毕业后，受党组织的安排，经常以探望同学为名回校，启发和引导同学积极参加自治会，不断传播革命思想。在她的帮助和引导下，许多对前途迷惘的同学，逐渐对中国共产党领导下的人民解放军有了初步的认识，希望能有机会参与到民主救国的运动中去。在陈轩的影响和教育下，经过党组织的严格审查考验，先后发展了进步学生范梅芳、彭美英等3人加入了中国共产党。

二、机智勇敢迎接新挑战

1947年秋，由于陈轩对党忠诚，工作机智勇敢，党组织安排她任中共两阳特派员李信的机要交通员，她每次执行任务都能化险为夷，出色地完成任务。她重点负责的工作有三大项：一是与春城区党组织负责人陈钧联系；二是接收国民党政府内部人员秘密转达给我们党组织的消息；三是与先农乡沙田垌村交通站邓水生等联系。

她与邓水生的妻子汪兆贞亲如姐妹，邓嫂也全力支持配合丈夫的革命工作，并经常掩护陈轩的秘密行动。

自张慧明同志担任江城中心区委书记兼管春城工作后，陈轩增加了往返阳江、阳春传送文件情报的任务。当时阳春处于极度血腥恐怖之下，国民党广东省七区专员兼保安司令刘其宽亲自到阳春指挥"围剿"游击区，到处追捕共产党人，企图杀绝共产党的革命力量。一时间阳春境内特务、暗探猖獗，黑暗笼罩阳春大地。当时，陈轩弱小的身体始终没有引起他人注意，奔赴在各个秘密交通联络站，如阳江城均祥店、广源司徒卓、阳春春城永生堂药店、先农乡沙田垌邓水生交通站等。陈轩的母亲最初对陈轩每天早出晚归很不解，总以为她是整天去约校友同学玩，后来才从大儿子运庆口中知道情况，还是觉得有点儿害怕，但出于对女儿的疼爱，认为女儿所干的事情是正确的，便暗中全力支持。

1948 年春，党组织从国民党阳春政府内部获知，在崆峒马安屯小学任教的共产党员陈池同志已被敌人盯梢，需要紧急转移到部队。由于某个通信环节失误，未能通知到本人，情况十分危急，这时党组织命机要交通员陈轩执行此任务。陈轩接到任务时，天色已晚，她饭也顾不上吃，立即行动。她全然不顾个人安危，连夜抄小路走近道，巧妙地避开敌人的哨卡，及时赶到马安屯小学，将党的紧急情报转达给陈池，使他及时安全转移，顺利转入春南游击区。

1948 年 4 月初，在崆峒小学任教务主任的中共阳春春南区委书记陈钧因身份暴露，党组织指示陈钧紧急转移到春南游击区。当时正处于倒春寒季节，天气仍然寒冷，由于撤离紧急，来不及带防寒衣物，陈钧通过岗尾、先农乡交通员接力，带信给陈轩帮助他送寒衣。陈轩收到信息后心生一计，巧妙地用皮箱装上衣物，箱面贴上"阳江县政府甘清池县长亲收"的封条，放上往阳江的圩船，因皮箱的收件人是阳江政府县长，所以敌人不敢乱查。圩船到了漠阳江下游牛暗埗游击队流动税站位置便停下接受检查时，游击队税站的人员见到这个特别的箱子，立即"没收"，带回税站打开一看，才知道是陈钧的衣服，立即派人送去春南游击区。

三、不怕牺牲确保完成任务

有一次陈轩接到一项任务，要将情报送到阳江中心区委。当时是寒冷的冬天，她顶着凛冽寒风，裹紧身上的寒衣，快步往目的地走。到达阳江附近时天已黑，这时陈轩突然发觉有敌人跟踪，她机警地一路小跑一边观察周边地形，见到前面有条小河，河边长满杂草小树，乘敌人不备，迅速跳下河潜入冰冷的河水中，将半个头隐蔽在河边的杂树丛中观察敌人的动静。敌人追上来发现跟踪的人不见了，沿着河边来回搜索，还往河里乱放枪，见没有什么动静，便收队撤走了。过了好久，陈轩感觉敌人已走远了，才从冰冷的河水中钻出来，好在敌人的子弹没打中陈轩，只在她的耳边擦过，但由于整个身体浸泡在冷水中时间过长，加上来了月经，身体冻得僵硬，她费了好大劲才慢慢从河里艰难地爬上岸。陈轩因担心敌人抓不到她会在前面设埋伏，便决定在附近树林中躲避一夜。寒冷的冬夜，全身湿透的陈轩在刺骨寒风中冻得全身颤抖，但她以共产党员坚强的意志顽强地支撑着。天亮前，她硬撑着冻僵的身体，咬紧牙关，挪动不听使唤的脚步，艰难地一步一步走到阳江中心区委秘密地点，终于完成了情报送达任务。这时她面露笑容，松了一口气，但整个身体终因支撑不住，瘫倒在地上，同志们见状马上扶起她，帮她换上干净的衣服，喂她喝了一碗热粥水，她才慢慢恢复了神志。

回到家后，她一直发高烧咳嗽不止，病了很长一段时间才逐渐有所好转，但经常会感到身体不适，走起路来感到有点儿吃力，没有以前那样灵活。党组织察觉到她的身体比以前差了很多，为了确保交通情报传送不受影响，决定培养一名预备交通员执行任务，由陈轩负责挑选培养对象。为此，陈轩选择了自己比较了解的堂嫂梁楚云作为地下党预备交通员。

梁楚云原是国民党县警中队长陈运猷的妻子，但她出身于贫苦家庭，自从丈夫病亡之后，受到家婆的歧视和虐待。陈轩主动上门关怀和帮助她，与她同宿，给她讲革命道理，讲解放战争的形势和解放区的情况，宣传党的宗旨，教育她要起来奋斗，要同旧势力抗争才能摆脱压迫，才有出路。经过教育和引导，梁楚云提高了思想觉悟，表示要坚决投身于革命。经过党组织慎重考察和审查后，决定将梁楚云列为党员发展对象。为了方便执行任务，陈轩将梁楚云年幼的女儿交给自己的母亲照看，然后帮助她熟悉交通线路，以姑嫂探亲访友为名，两人一起各自提着篮子，往返于蟠龙、先农、轮水、马水等地，把一份份情报准确无误地送达各秘密交通联络站。经过一段时间的熟悉、锻炼，梁楚云已能单独执行交通员的任务。每次执行任务遇到敌人关卡盘问，她就以曾经是国民党县警中队长太太的身份，以探亲、砍柴卖、下乡买葵尾做蓑衣卖等为名，通过敌人各种关卡，每一次都是有惊无险顺利地完成任务。

四、临危不惧为党工作

1948 年，国民党顽固派在阳春实行白色恐怖，到处追捕杀害革命者，企图灭绝我党在地方的革命力量。当时阳春的党组织将大批党刊、文件、书籍等转移到陈轩的家里掩藏，由于数量大，无法选择烧毁，敌人经常夜晚突然抄家，形势十分紧张。为了保护好党的机密文件，陈轩机智果断地与大哥陈运庆（地下党交通员）一起，组织全家老幼齐动手，年幼的在门外把风，有力气的动手挖坑挑泥，一家人齐心合力在两个房间内墙角不显眼的地方分别挖了 3 个大坑掩埋收藏文件。一天中午，大家挖好坑正准备藏下大瓦缸回填泥土时，突然听见外面小妹陈婉英打暗号表示有人来，只见有位韩某要找陈轩闲坐（当时组织已怀疑此人是学生特务，后来证实是特务）。这时陈轩临危不惧，镇定自若，叫堂嫂梁楚云出去应付。老母亲还迅速杀了只小鸡，把鸡血洒在水盆和地上，堂嫂梁楚云端着有血水的盆从房内走出，佯称大嫂何爱健在房内小产，要他回避，最后将他支走了。随后大家迅速将文件分别放入3个大瓦缸里藏好，继续回填土铺上砖块，将文件掩埋妥当，并在上面压上厚重的柜子等物件，不留可疑痕迹。还有一次，陈轩在家养病，有位不速之客江某某（春城执业西医）突然来访，以看病为名却专谈家常，多方查问。陈轩也是镇定自若地应付，然后以身体不佳需要卧床休息，支走了江某某（据了解江某某也是国民党特务）。

1948年夏，国民党为了摧毁我党在春城地区的革命力量，企图从共产党嫌疑人陈轩处打开缺口，派保警抄陈轩的家。一次陈轩刚潜回家，见有国民党保警要闯入家中搜查，刚好有些文件未及掩藏。这时陈轩沉着应对，急中生智，立即将文件放入大嫂何爱健房内床上的席底下，叫大嫂躺床上盖上被子装作有传染病，然后陈轩走出厅堂应付敌人的盘问。几个保警东瞅西搜，什么破绽也没有发现。这时堂嫂梁楚云则利用自己是已故国民党县警中队长陈运猷的太太身份，走到保警面前，大骂保警欺负她们孤儿寡母，乱闯民宅扰民。敌人见没有搜出什么可疑物件，只好灰溜溜撤走了。

1949年春，陈轩卧病在床，却全然不顾自己虚弱的身体，坚持为党工作。她与战友黎英华一起，在自己家中阁楼上秘密抄写标语和油印传单，然后叫母亲煮上一大锅糨糊，用几个小桶装上，召集一些进步学生，还有自己的亲大嫂何爱健和小妹陈婉英，趁着漆黑的夜色，大家一齐在春城大街小巷秘密散发传单、张贴标语布告，宣传解放战争的大好形势，鼓舞人民群众的斗志，分化瓦解敌人。

五、带领有志青年学生走上革命道路

1949 年 3 月，中共阳春县委根据全国即将解放的形势，为壮大六团、区中队、武工队人民武装力量，需要地方党组织输送一批有志的知识青年入伍，指示春城区委分批输送党员学生、青盟盟员和积极分子参加游击队。陈轩按照党组织的指示，与几位党员同志周密细致地挑选一批进步学生。

1949 年 4 月，党组织安排了 32 名进步青年参加游击队，一部分人由陈轩的亲大哥、地下党交通员陈运庆负责带往先农乡那魁村，一部分人由交通员区西负责带往岗尾圩涌口，还有一部分人由交通员薛启谋带往蟠龙。但去蟠龙的这部分学生因与联络人失去联系，而在春城街道游荡，一些人找到陈轩的家里，要求带路入蟠龙。当时陈轩正在生病发高烧，卧病在床上，面对这些突然而至的学生，她凭着多年做秘密交通员的警觉和地下工作者特有的政治敏锐，断定是交通联络员误了约定时间。但为了不暴露自己的身份，她佯装不知此事，仅指明入蟠龙要走的路线，并要求他们立即离开，免遭敌人的怀疑。待他们走后，陈轩立即扶着病床艰难地爬起来，蹒跚地赶到秘密交通站永生堂药店向春城区委领导容忍之书记做了紧急汇报，容书记即指示临时换人，通知交通员梁楚云去执行护送任务。于是陈轩找到了自己的堂嫂梁楚云，对她说："有紧急任务，要护送一批青年学生入蟠龙游击区，你立即换上村妇衣服，带上篮子，抄近路赶到北寅河入蟠龙的路上引导，如遇见有一群学生模样的人拿着包袱过来问路，你便佯装探亲，让他们离你十多米远的距离跟着走。"梁楚云接到陈轩布置的紧急任务后立即行动，抄近路赶上了那群学生，交代他们紧跟在她后面走，就这样避开敌人的耳目，带领这批学生安全进入蟠龙找到游击部队，顺利完成了护送任务。

由于一大批青年学生离开春城参加游击队，国民党阳春县政府大为震怒，出动县保警一个中队在凌晨包围阳春县立中学，架起机枪将学生赶到操场训话，搜查学生宿舍，恐吓意欲投奔游击队的其他青年学生，造谣说范梅芳等人投奔"共匪"已被抓获，不日将在某圩期公审云云。陈轩识破敌人的阴谋诡计，安抚在校的同学不要听信谣言，并不顾个人安危，想方设法秘密找到范梅芳的母亲，戳穿敌人的阴谋，让范母不要上当，使范母受到了很大的鼓舞和安慰。

1949 年 6 月，党组织经过侦查，意识到敌人已经注意到陈轩是共产党员的身份了，组织上通知她紧急撤离。陈轩按照党组织的指示，在母亲和小妹陈婉英护送下（因陈轩此时病情严重，无法独自前行），在一个漆黑的夜晚悄悄离开春城，顺利转入了春南游击区。

六、抱病坚持为党工作

1949 年 10 月下旬，阳春解放了，陈轩在中国人民解放军粤中纵队六团工作，同年冬，调中共中央华南分局任机要员。

1951 年冬，陈轩又调到粤中地区税务局工作。这时正值广东全面开展土地改革运动，以她当时病弱的身体条件完全可以留在机关工作，但陈轩考虑到自己是一名共产党员，应该发挥党员的先锋模范作用，执意要到艰苦的一线去工作，主动要求参加粤中土改工作队。组织上见她意志坚定，便批准了她的请求，安排她到开平县某区。土地改革运动十分艰苦紧张，陈轩坚持与农民群众同吃、同住、同劳动，深入群众中访贫问苦，扎根最基层，夜以继日地组织开展土地改革工作。但因过度劳累，陈轩终因支撑不住而突然晕倒，被送进江门北街医院。住院期间，她知道同志们正在土改前线十分紧张忙碌工作，认为自己住院清闲，内心不安，曾两次逃跑出院，回到工作岗位。当时她面黄肌瘦，常常疲倦到连眼也睁不开，有时还咳血，同志们劝她不要硬撑，放下工作好好休息。而她却说："战争年代那么危险艰苦，我连死都不怕，提着脑袋过来了，现在累些咳点血怕什么。"她说得那么坚定、自信、乐观。她口袋里经常放着一大块生姜，咳得厉害时便含一片生姜临时止咳。由于陈轩拒绝休息，拼命工作，以致身体透支，极度虚弱，最后组织上强行送她去医院检查治疗。后来，她被确诊为肺结核，才被迫停止工作，被组织送往广东省干部疗养院。住院期间，陈轩总是闲不住，担任病区政治学习组长，与医护人员和病友们一起开展政治学习。

1952年5月，陈轩调任粤西地区财政局任人事科副科长，但因身患肺结核疾病，组织再次送她到广东省干部疗养院。在疗养中，她担任病房党小组长，《南方日报》通讯员，带领病友们认真学政治、学文化，积极开展文娱活动。

当年患上肺病的人同现在患癌症一样可怕，都是难治之症，而陈轩不但患有肺结核，而且患有严重的喉结核，时间长了导致说话困难，声音沙哑，但她对自己的疾病抱坚强乐观态度。一位曾与陈轩一起参加土改工作的同志见到她惊奇地说："我以为你早已不在人世了，想不到还活着，你真是一个非常坚强的好同志。"她用沙哑的声音说："我死不了，土改运动已取得了胜利，我也活下来了，等我治好病，还要继续为党工作。"她用坚强的革命意志和不屈的精神与病魔作斗争，当她精神和病痛稍好一点儿时，就到各病房去，向病友学写诗、学画画、学弹琴、学下棋。所以她住院期间，学会了诗、画、琴、棋，还练得一手好字。她除了孜孜不倦地学习，还关心病友，在精神和物质上给予帮助。一批批的病友康复出院，她都感到十分高兴，后来还与病友保持了长期的书信往来。

一次，陈轩了解到医院有一位苏联专家制定了一个高难度的治疗方案，即药物胸腔直接注射，又在肺内填胶球、打气胸、做穿刺等。她明知这种疗法非常痛苦而且有生命危险，但为了给医学创造第一例成功经验，毅然申请在自己身上作试验。她说："万一手术不成功，医生们可从中总结出经验，造福其他病友。"手术中，由于她体质太弱，肺部大出血，没有收到疗效。她昏迷了三天三夜，醒过来后得知手术失败，但她并没有被治疗失败而吓倒，而是抱着乐观的态度，从没说过"我不行了"之类的话。手术后，她虚弱到一个月卧床不起，虽经医护人员精心护理脱离了生命危险，但却留下了气胸的隐患难以消除。从此，陈轩无法继续正常工作了。

1964年，陈轩看到国家经济困难而自己因患病不能为党工作，毅然向组织提出停薪留职回老家阳春养病，以减轻党和政府的经济负担。

七、为党和人民奉献终生

陈轩在家养病期间，时刻想着为党和人民做点事。除了在家写诗作画外，还担任春城镇前进居委会居民小组长，协助居委会干部做好社区基层的各项工作。她带领居民们学政治学文化，与大家一起开展义务劳动，铺设好坑坑洼洼的街道，带领群众搞好社区街道的清洁卫生，街道邻居一些群众生活有困难，陈轩节衣缩食，用自己微薄的生活费去资助有困难的群众，帮助没文化的街坊群众写书信等。后来她想到农村去，与战争年代患难与共的农民群众一起生活工作。为此，她带着党组织关系到七星沙田垌村，住到烈士邓水生家里和邓四嫂一起生活。

1965年1月，阳春县全面开展"四清"运动，她主动要求参加工作，被当时的阳春县委副书记温兆銮吸收为义务工作队员。陈轩带领当地党员群众回忆七星村的革命斗争史，传承先农的红色精神，教育党员、群众认清形势，提高思想觉悟，为社会主义建设多作贡献。随后，她又组织编写了《七星党支部斗争史》一书，在七星进行革命传统教育，对当时宣传党的基本路线和社会主义思想教育起到了积极的作用。这条经验得到了阳春县委领导的充分肯定，并批准向全县介绍推广，陈轩也被评为优秀工作队员。同时在陈轩的倡议下，七星党、团员于1965年在邓水生烈士墓建立了纪念墓碑。从此，每年的清明节，很多党员干部、人民群众和教师学生前往扫墓悼念，让先烈的革命精神世代相传。

七星村的老交通员、老堡垒户郑波嫂的家（寡妇带一个儿子），是1945年至1949年我党的秘密交通点，郑波嫂曾冒着生命危险为党传递情报做了很多工作，为革命作出了一定的贡献。解放后，在极左路线的影响下，郑波嫂被坏人打击报复，被诬陷为"坏分子"，造成生活极度困难。陈轩见到曾为党作出贡献的姐妹无辜被坏人陷害，十分气愤，她拿出自己有限的粮票和钱救济郑波嫂，并挺身而出向党组织写报告反映真实情况，为郑波嫂申冤。后来经过组织调查了解，此案得到平反，并清算了混入党内的坏人。

1976年7月，唐山发生大地震，为防患未然，各级地方政府也组织市民开展防震工作，在屋外空旷的地方搭建防震棚暂住。陈轩带领居民积极配合当地政府做好防震工作，带头在十字街边搭建防震棚暂住。但在一个风雨交加的夜晚，她所住的防震棚被大水冲垮，一边挡土墙崩塌，大石压在她病弱的身躯上，因伤势过重，经抢救无效与世长辞。

陈轩同志是中国共产党的忠诚战士，她生命不息，战斗不止。

在解放战争年代，她用自己的青春热血，智慧和勇气，在党的红色交通战线上出生入死，顽强地战斗；解放后，身患重病仍坚持为党工作，她一生为党和人民的解放事业和社会主义建设作出了很大的贡献。她终身未婚，终年49岁。

编后语：本文由陈轩的侄女、阳春交通局退休干部陈美根据粤中纵队多位老战士提供的史实和收集的资料撰写而成，经本书编辑组修改整理。

2022年3月

奋战在中共隐蔽战线上

——陈运庆回忆从事地下党工作

陈　美　执笔整理

一

陈运庆同志照片

阳春解放前夕，我在崆峒乡中心小学当教师，是一名地下党秘密交通员。1949 年 4 月的一个夜晚，我接到党组织的紧急通知，要立即到春城永生堂药店接受任务。我赶到药店时，见到一个慈祥严谨的中年人，身穿黑云纱绸唐装，一副商人打扮，他就是永生堂药店的内掌柜、春城区委容忍之书记，代号"大地"。室内点着小油灯，我们见面寒暄几句，装作谈诗论文的样子。这时，外掌柜华哥知道党内有人来接头，就机警地在店外放哨，以防止特务突袭，约定的警报暗号是把捣药的铜盅急敲几下，里面的人就会迅速做出反应，做好一切应变措施。

容忍之简单明确地向我传达了这次区委的决定，任务是分批护送在学校的进步青年学生参加游击队，以扩大部队的武装力量，提

215

高部队人员的文化素质。由于护送入部队的青年人数较多，时间紧、困难大、任务重，必须保证次日一早出发，护送他们到部队去。容忍之交代了出发时间、接头地点、护送人数、联络暗号和送达的目的地。

二

接到任务后，次日早上 7 点钟前，我已换上了一套洗烫过还算笔挺平直的灰色半旧军训装（学生制服），左手肘挂着一把黑色雨伞，右手拿着一把白色纸扇，一个典型乡村教师的模样，看上去显得庄重沉着。我快步赶到接头地点，在春城福田车站广场的凤凰树下，见到 12 个学生模样的青年已等候在那里了。凭本人多年干秘密交通工作的经验，我作出肯定的判断，他们就是我要护送的学生对象。我察看了一下周围，见无特殊情况，便马上打开白纸扇，显出"夏天好"三个大字，领队的学生见状，也回复了暗号说："我们是集体郊游的。"联络暗号对上以后，我以命令的口吻说："跟在我后面，距离 20 米，路上不准与我说话，不管发生任何事情，绝对服从我的指挥。"就这样，我们沿着春城至岗尾方向的公路前进。当时，我心里最不踏实的就是这支队伍目标太大，他们都用在校的童子军校服的红领巾打包袱，在路上行进时十分显眼，万一在路上被敌人盘查，加上他们没有斗争经验，很容易暴露身份和意图。可是时间紧迫，一时也无法改变这种状况，只好见机行事了。作为一个长期在敌人眼皮底下从事党的地下工作的交通员，我不能不多长几个心眼儿，万一有失误，就会掉脑袋！所以，平时多往坏处想，居安思危，在突发情况下才不会乱了方寸。

我们过了牛迳桥（木桥）不远，就到达先农乡公所哨卡，被敌哨兵盘问，没发现破绽就放行了。队伍继续前进，当到达山口庙前面的哨卡时，敌人哨兵就喝令所有人停下来检查，问："你们这么多人是去干什么的？"我马上上前回答："我们是阳春县立中学的学生，今日趁天气好，组织大家集体郊游。"敌哨兵搜查了所有人的身体和包袱，没见什么可疑物品，便给予放行了。约10时转入先农那魁村，突然山顶上的牧童扬起竹笠帽大呼"牛吃禾——牛吃禾——！"山谷回应，呼叫声一直传向远处，我心里明白，这是我们部队的前沿暗哨。我精神为之一振，如释重负，像回到了家一样快慰，知道护送的目的地快到了。

在那魁村串巷时，在横巷走出一位老农，他向我打出了暗号，我迅速对上了，他便说"请跟我来"，于是把学生带到了一间农舍里，见到了部队首长陈赓同志。他和武装部队的战士正在屋里一边休息一边擦枪，见到熟悉的战友，我点头示意，当作打招呼，因为地下党秘密交通员的纪律是不准向战士公开自己的身份。这次任务顺利完成，上级领导非常满意。

三

下午三点多钟，临走时，一位跟随部队的交通站同志叫我进入里屋，交给我一份情报，要送到地下党的领导机关春城永生堂药店。我接过情报默念了一遍便迅速藏好，喝了一同志递过来的一碗稀粥，吃了两个番薯，便带着完成护送任务的喜悦心情离开村子，按原来的大路赶回春城。

来时一路都平静，回时却发生了意外的事情。敌人突然增设了岗哨，我边走边想着应对计策。为了不暴露自己的身份，同时更重要的是要保护好党的机密，我迅速把身藏的小纸卷情报拿出来放在口中嚼烂吞下肚去，然后泰然自若地大踏步走在公路上。当走近敌人哨卡时遭到盘查，喝问我是干什么的？我镇定地说："我是乡村教师，回春城过周末的。"敌兵上前将我全身上下搜一遍，没发现有可疑物件，便让我过了哨卡，就这样我顺利通过了两个大卡。回到春城已是傍晚六点多钟了，春城的形势更加紧张，全城戒严。为了不暴露党的秘密交通站，我没有直接到永生堂药店，而是先返回春城自己的家，待了解清楚情况再见机行事。

四

从家里人出门探明情况回来得知，蟠龙交通线护送的学生出了差错，原因是当天同一时间分两路护送学生到游击区，蟠龙的交通员说是8点出发，而学生接到的通知却是6点，误差两小时，导致这批学生到处游荡，情况十分危险。那天早上6时30分，学生们还集体到过我家里，恰逢我妹妹陈玉（陈轩）因病在家休息，他们请求我妹妹带他们到蟠龙参加游击队。因我妹妹陈玉在校时是个活跃分子，毕业后也常受组织委派到学校，向进步的同学秘密传播革命思想，所以他们认为陈玉应该知道游击队的事情。鉴于陈玉的身份非常特殊，加上这些同学中都不是她的直接关系人，陈玉不能暴露自己的身份，因此没有接受他们的请求。陈玉装作不知道此事（游击队在那里），只告诉他们要立即往东面方向走，就能到蟠龙。

我妹妹陈玉是两阳特派员李信的机要交通员，凭着她灵敏的革命警觉，断定是交通线出了问题。时间就是生命，稍有延误，就会被敌人发觉，便会使党的组织受到严重破坏，这些青年学生就有生命危险。在这危急关头，陈玉当机立断，带病踉跄赶到春城区委机关"永生堂药店"，请示领导采取应急措施，区委书记容忍之马上决定派出预备交通员梁楚云执行护送任务。陈玉向梁楚云详细地布置了紧急任务，梁楚云按照陈玉的要求立即行动，她手执竹提篮，装作到农村探亲的模样，抄近路赶到北寅河边上等候，见到一群拿着包袱的学生过来问路，梁楚云便按照陈玉布置的要求，让学生们离她10米远的距离跟着走。就这样，交通员梁楚云机警摆脱了敌人的耳目，顺利地将这批青年学生护送入蟠龙，安全到达了武装部队。

五

可护送之事节外生枝，因这批到游击区的学生中，有一个是国民党阳春县政府秘书长彭德禄的"千金"彭美英。彭德禄不是为自己女儿的失踪而紧张痛苦，而是由于自己是国民党政府中的要员，害怕自己的孩子参加共产党游击队而受牵连，甚至怕被怀疑其本人有私通共产党的嫌疑。彭德禄为了自证"清白"，就向县长邓飞鹏报告了自己女儿失踪的事。当日，因县城春中、师范两所有名的学府同时失踪了三十多名学生，因而就出现了敌人封锁通往游击区的主要道路和全城戒严的情况。

事后，因彭德禄的告密，给我党地下工作造成了很大的影响，一部分地下党员引起了敌人的注意，要撤离地方工作，转入部队搞武装斗争，几条主要交通干线也因此受阻。彭美英进入了武装部队，也牵连调到崆峒小学以教师身份作掩护、从事地下工作的县立中学党支部原书记李希策，国民党怀疑他与三十多名学生的失踪有关，警察局长柯昌藩亲自传讯了李希策，因李与彭在校期间关系很友好，敌人企图从这里打开缺口。为了消除敌人的怀疑，经党组织研究，同意由我党派进国民党党部任秘书长的李希果陪同亲弟弟李希策去见柯昌藩，李希果是搞国民党上层人物统战工作的，这样做就是从被动变为主动，扭转局势。经过问话，警察局长柯昌藩见找不到什么把柄，并害怕被上级知道这一情况会查办自己，便暂时将学生失踪参加共产党游击队这件事束之高阁。

在崆峒小学任教务主任的秘密党员陈钧，乡公所的队附怀疑是共产党，便向国民党政府告密，教育科多次找他谈话。为了保护陈钧，组织上作出要陈钧紧急撤离的决定。而我家则每到夜晚，春城副镇长刘徽玲都亲自带兵突击搜查，有时一晚连续来两次。不是一般的搜查，而是一来就翻箱倒柜，连墙壁松动的砖块也要挖开来看，好在组织上早已通知我把所有的党内文件书籍进行掩埋或转移。更有甚者，中学的特务学生韩某也频繁来家串门。当时，陈玉因身患重病正在家里养病，毫无关系的私人执业西医江某某，也经常借故上门问病。组织上了解到敌人已对我家进行秘密监视，便派人通知陈玉紧急撤离。接到组织要她撤离的通知，她只能带病撤离地方工作，由我妈和六妹陈婉英两人护送她到部队去。

六

国民党顽固派为了消灭阳春的中共革命力量，不断地"围剿"游击区，追捕共产党人，导致原有的交通线受阻，老交通员无法工作，造成武装部队耳目失灵。为了打通秘密交通线，党组织决定起用1949年初发展的党员、预备交通员梁楚云，她利用自己曾经是已故国民党县警中队长太太的身份，以探亲、卖柴、下乡收葵尾做蓑衣卖等理由作掩护，多次摆脱敌人的耳目，越过一道道哨卡，一次次机警巧妙出色地完成工作任务。就这样，我们这条通往蟠龙的红色交通大动脉又重新恢复了，使情报、物资补给源源不断地输送到游击区，成捆的《人民报》、地下党的机关小报、传单标语、大布告等运送进城，春城地下党的同志把传单标语贴满了大街小巷，宣传中国人民解放军已经打过了长江，不久就要解放全中国，他们甚至把标语贴到了阳春县长的住处去，震慑了敌人，鼓舞了人民的斗志。

当时全国的形势对我们非常有利，解放全中国的战役已取得节节胜利，敌我双方的政治局势已发生了根本的变化，敌我军事力量的对比，我们已经转为优势；国民党方面，政治腐败，民心向背；金融贬值，经济基础开始全面崩溃；军事上在全国的大势已去，无可挽回。在阳春活动的粤中纵队六团武装力量经过整编扩大，从人数和装备上，都可与国民党县级武装力量抗衡。

1949年夏，我们地方党组织和武装部队开始进行解放阳春县城的战略部署，为了取得战斗的全面胜利，我和崆峒乡中心小学的李希策等几位地下党同志，冒着生命危险，想方设法收集敌方军力、装备和军事设施等情报资料，拟订争取和团结国民党上层人物对象计划，并绘制军事部署地图和草拟战斗方案说明。这是一份全面完整的军事情报，组织派我亲自把这份重要情报及时送到游击区武装部队。在这新的大转折形势下，敌人还想作垂死挣扎，疯狂地与共产党对抗。因此，我们与敌斗争更加残酷和艰巨。但隐蔽战线的同志们更加努力配合武装部队，不顾生命危险，深入敌人的心脏收集情报，党组织也坚持依靠和发动群众开展武装斗争，与敌人展开游击战，挫败了国民党军队的频繁"清剿"，控制了游击区的乡村，最后配合南下大军解放了阳春全境，盼来了光明，迎来了阳春红色政权的诞生！

七

在革命战争年代，党的地下交通员在革命的大家庭中只是无名

的小卒，而在隐蔽战线危险而艰巨的工作中却是一名勇敢神奇的战士，在敌人的心脏里战斗，抛头颅洒热血，默默地奉献，他们为革命，常以无形的出现引来革命的有形变化发展，用青春乃至宝贵的生命谱写自己壮丽的人生。在他们身上，彰显的是中国共产党党员坚持真理、坚持理想、不怕牺牲、英勇斗争的革命精神。

　　编后语：本文由粤中纵队老战士陈运庆叙述，陈运庆的女儿陈美执笔，经本书编辑组整理。

2022 年 3 月

附录一

中共阳春分委介绍

蔡少尤

中共阳春分委旧址（屯堡小学）位于阳春市春城街道七星村委鸭寮岗村塘铺，是抗日战争时期中共阳春分委领导机关和阳春县筹建抗日武装斗争的领导机关所在地。近年被阳江市委市政府确定为"阳江市爱国主义教育基地""阳江市重点革命文物保护单位"和"阳江市中共党史教育基地"。

屯堡小学三面环山。南边 500 米外有座始建于明代的"山口庙"，是县委机关信息的收发点。北有鹰头岭，南有山口岭，东与天露山脉连接，通往阳江大八；西为春江公路，还有小河道直通漠阳江，交通极为便利。战争年代，退可进入深山隐蔽，进可沿路出击，水陆两路通行无阻，地理位置得天独厚。

屯堡小学创建于 1937 年，原址是在先农长寨陈氏宗祠，原属先农乡第七保国民学校，是先农乡中心小学的分校。1938 年 2 月，郑宏璋调到屯堡小学任教师，1939 年任该校校长。

1940 年 2 月，中共两阳工委调整阳春特支领导成员，陈奇略任书记，因事不能到任，由林克代理书记（在先农屯堡小学当教员），特支机关设在屯堡小学，支委有刘文昭、黄云、郑宏璋、陈国璋。1940 年 8 月，中共两阳特派员调陈奇略到阳春先农屯堡小学以任教员为掩护，负责阳春党组织的领导工作。后来林克被调走，刘文昭到中区特委学习班学习。根据上级决定，中共阳春特支改为中共阳春分委（县委）。书记陈奇略，组织委员郑宏璋，宣传委员陈国璋，三人均在先农屯堡小学以教师职业掩护地下工作。阳春分委调黄云到先农乡中心小学任教师，任中共先农乡支部书记，邓泰升、邓水生、周道庄为支部委员。

因原校址（长寨陈氏宗祠）交通不便，出入村里的人员较多，不便开展中共地下工作。郑宏璋就发动周围村庄的乡贤绅士和富裕人家捐献善款，在现址鸭寮岗村塘铺重新兴建屯堡小学。由于各村祖偿有限，乡绅也非富户，所筹经费缺口较大。这时，恰好郑宏璋家里也在筹建新屋，他便请求家人把备好的杉木梁、砖块等建筑材料都借（捐）了出来。郑宏璋利用学校放假期间，发动本支部党员邓泰升、周道桓、邓水生、邓伙来等人，以及亲力亲为地发动自己的兄弟和亲房，靠人力硬是把家里的杉木梁和砖块搬到两公里外的新校址，还自掏腰包购买猪肉和蔬菜招待工人。结合自己毕业于土木工程学校的专长，郑宏璋亲自设计了屯堡小学的建筑图纸，尽量节省开支。还通过党组织，委派中共党员关永担任建筑承包方，往来阳江从事党的地下联络工作，一边建校，一边工作。1941 年 9 月，为加强中共阳春分委领导，增加黄昌熺为阳春分委青年委员、梁文坚为妇女委员。

1942 年春，屯堡小学竣工搬迁。中共阳春分委组织委员郑宏璋一直担任屯堡小学校长，书记陈奇略、宣传委员陈国璋在屯堡小学任教员；妇女委员梁文坚起初在先农乡中心小学任教，后来党组织把黄昌熺调到先农乡中心小学任教师，并担任先农乡支部书记，梁文坚则调到上瑶小学（荔枝林分校）任教师。当时先农中心小学、屯堡分校、荔枝林分校、沙田洞分校的办学人员，实际上是由中共阳春分委的组成人员和普通党员组成，为中共开展地下革命活动并指导全县的工作创造了便利。

梁文坚在荔枝林分校任教时，"曾考察成熟荔枝林村两名单亲母亲，推荐其参加中国共产党。由于当时发展党员工作已引起村的甲长注意，需要立即调离，临行前只和这两名妇女谈了话，要求冯彩娟和戴许丽两人，利用担柴进城卖的机会秘密与春城妇女干部联系，然后安排推荐某支部找人谈话发展"（根据梁文坚的录音整理）。

郑宏璋、周道庄均担任先农乡副乡长，周道桓任先农乡第五保保长，邓泰升任第六保保长，陈孔扬任第七保保长。中共阳春分委控制了先农乡第五保、第六保、第七保的政权，实际控制武装力量（乡丁）达40多人枪。该地方成为以屯堡小学为中心辐射周边的可靠抗日根据地。

1942年冬，周天行到先农乡屯堡小学，向中共阳春分委传达中区特委"十六字"方针和"勤学、勤业、勤交友"的三勤活动指示，党支部、党小组暂时停止组织活动，待恢复活动时由党组织派人联系。中共阳春分委负责人郑宏璋继续留在先农乡屯堡小学，单线联系全县党员，保持领导机关的完整和连续。

1944年7月，谢鸿照任中共两阳党组织指导员，经常在屯堡小学与阳春、阳江党组织负责人郑宏璋、陈国璋研究恢复两阳党的组织活动和筹建两阳抗日武装工作。同年11月，中共地下党员罗杰被调到屯堡小学，协助谢鸿照筹备武装起义，党员陈华森和朱尚绚也集中在屯堡小学参加武装起义的筹备工作。其间，中共中区副特派员周天行亦经常到屯堡小学指导阳春抗日武装斗争工作。

　　1945年2月18日，陈国璋、廖正纪、庞瑞芳、关永到屯堡小学，与郑宏璋共同研究扶民田寮起义有关问题，可惜不幸失败。屯堡小学作为中共阳春县级领导机关和筹建武装抗日斗争的领导机关，前后共五年，曾发挥了无可替代的作用，其革命地位永载史册。

2021年12月

先农中心小学校歌

（创作于1939年）

郑宏璋词
李希果曲

1=F 2/4

这儿是我们集合的地方，我们就在这儿手拉着手。紧张的生活，紧张的学习，锻炼头脑，锻炼身体，为了儿童们的将来，为了新中国的前途，我们要坚定地站起来，英勇地战斗，英勇地战斗！

附录二

中共先农乡支部介绍

蔡少尤

阳春第一个农村党支部——中共先农乡支部，位于阳春市春城街道七星村委会，是阳江市中共党史教育基地、阳江市党员教育基地。

中共广西壮族自治区委员会原副书记黄云、中共中央党校科学社会主义教研室原主任郑宏璋，曾是该支部早期的党员和领导。他们积极组织群众对国民党顽固派展开反"三征"斗争，攻打国民党乡公所，在抗日战争和解放战争中作出了积极贡献。支部培养的中共党员为革命事业抛头颅，洒热血，有不少成为光荣的革命烈士。

旧址是一座庙堂式建筑，原为清代兴建的先农庙，民国时用来开办先农乡中心小学，因年久失修而拆除，现在的建筑为 2000 年按原样重建。大门两边分别挂着金光闪闪的各种牌匾，其中有"阳江市党风廉政建设教育基地""阳江市中共党史教育基地""阳江市党员教育基地""阳江市反腐倡廉传统教育基地""阳春市爱国主义教育基地""阳春市重点革命文物保护单位"等，体现了这个革命旧址的重要地位。

　　旧址四周筑有围墙，围墙内的院子有近三千平方米。人们常常在这里举行集会庆典，特别在"七一"建党日、国庆日等重大日子里，总是聚集着一拨又一拨来自阳江市各县区的基层党员，有的举行入党宣誓，有的召开主题教育会议，有的举办专题报告讲座，场面十分庄重。2018年11月，阳江市第一个"新时代红色文化讲堂"设在这里，有关部门不时在这里举行红色讲座，人气旺盛。沿门而进，迎面是一面巨大的红旗雕塑，上面写着由广东省原省长刘田夫手书的"革命史展览"题词，旁边耸立着一块方方正正的立面牌坊，上面写着"阳春第一个农村党支部——中共先农乡支部简介"，让人对旧址历史一目了然。宽大的厅堂分隔开若干个区间，组合成三个展厅，依次介绍了先农乡党支部成立以来在抗日战争、解放战争时期开展对敌斗争的史实，其中有抗日战争期间先农乡中共党员组织自卫队准备抗击日寇的英雄故事，有广东人民抗日解放军第六团在先农乡成立的过程；有曾参加过二两万五千里长征，受中共中央委派，担任广东人民革命斗争的军事总指挥，广东人民抗日解放军司令部代司令员兼参谋长谢立全；广东人民抗日解放军政委罗范群、政治部主任刘田夫等领导来到先农乡开展革命活动的事迹；更有中共先农乡支部成立以来各个不同时期的革命斗争展示，反映了先农乡波澜壮阔的革命斗争历程。人们驻足在不同画面、不同内容、不同布展设计的一个个栏目前，可以深刻感受到当年血雨腥风的悲壮场面，使人热血沸腾，激动不已。

2021年10月

后　记

　　中共阳春市春城街道七星村委员会与阳春市漠阳江红色文化研究会合编的《七星红色印记》一书终于面世了。这是在党的二十大之后，阳春七星革命老区人民挖掘革命历史资料而完成的一项红色血脉传承工作。两年多来，中共阳江市委、市政府和阳春市委、市政府领导高度重视七星革命老区的革命传统宣传教育工作，各级领导曾多次亲临阳春七星老区指导工作，指示保护好老区革命遗址，挖掘爱国主义教育潜能，发挥爱国主义教育基地重要作用，讲好七星红色故事，让后人永不忘记中国共产党人为人民谋幸福而不怕流血牺牲的大无畏革命精神。《七星红色印记》一书的出版，为宣传七星红色文化增添了异彩！

　　本书在开始筹备时就得到阳春市委组织部、市委宣传部、市档案馆、市文化广电旅游体育局、市老干部活动中心、春城街道办及各镇党委政府等单位的支持，得到市关工委、市老促会、市老战士联谊会的全面配合，从发动老革命的后代查找收集历史资料撰写文稿、"红研会"人员下乡现场采风核实，到集体办公及会议场所安排等，他们在每一个方面都提供了极大的方便，默默地助推革命后代鼓足干劲，挖掘先辈们的革命精神遗产。

　　本书从个人的革命故事引入，进而对革命者为什么要参加革命的内心世界作较深刻的描述。我们注重记述革命者对自己前途命运的选择，对中华民族解放事业作出的无私大爱；我们注重反映革命者对自己生活的轻描淡写，对人民能挺直腰板当家作主不当亡国奴的欣慰；我们更注重展示革命者在革命胜利后思想的清醒，以及他们对革命事业如何保持人民本色的思考。

　　由于撰稿人和编写组人员文笔水平有限，加上时间仓促，难免有不少错漏的地方，敬请广大读者海涵赐教。万分感谢！

　　　　　　　　　　　　　　　　　　　　　　本书编写组

　　　　　　　　　　　　　　　　　　　　　　2023 年 11 月

参考资料

一、中共阳春市委党史研究室著:《中国共产党阳春县历史》第一卷,中共党史出版社2016年版。

二、阳春市革命老区发展史编委会编:《阳春市革命老区发展史》,广东人民出版社2020年版。

三、黄云著:《岁月如斯》,广西人民出版社2011年版。

四、欧初著:《有志尚如年少时》,广东人民出版社2003年版。